JN415033

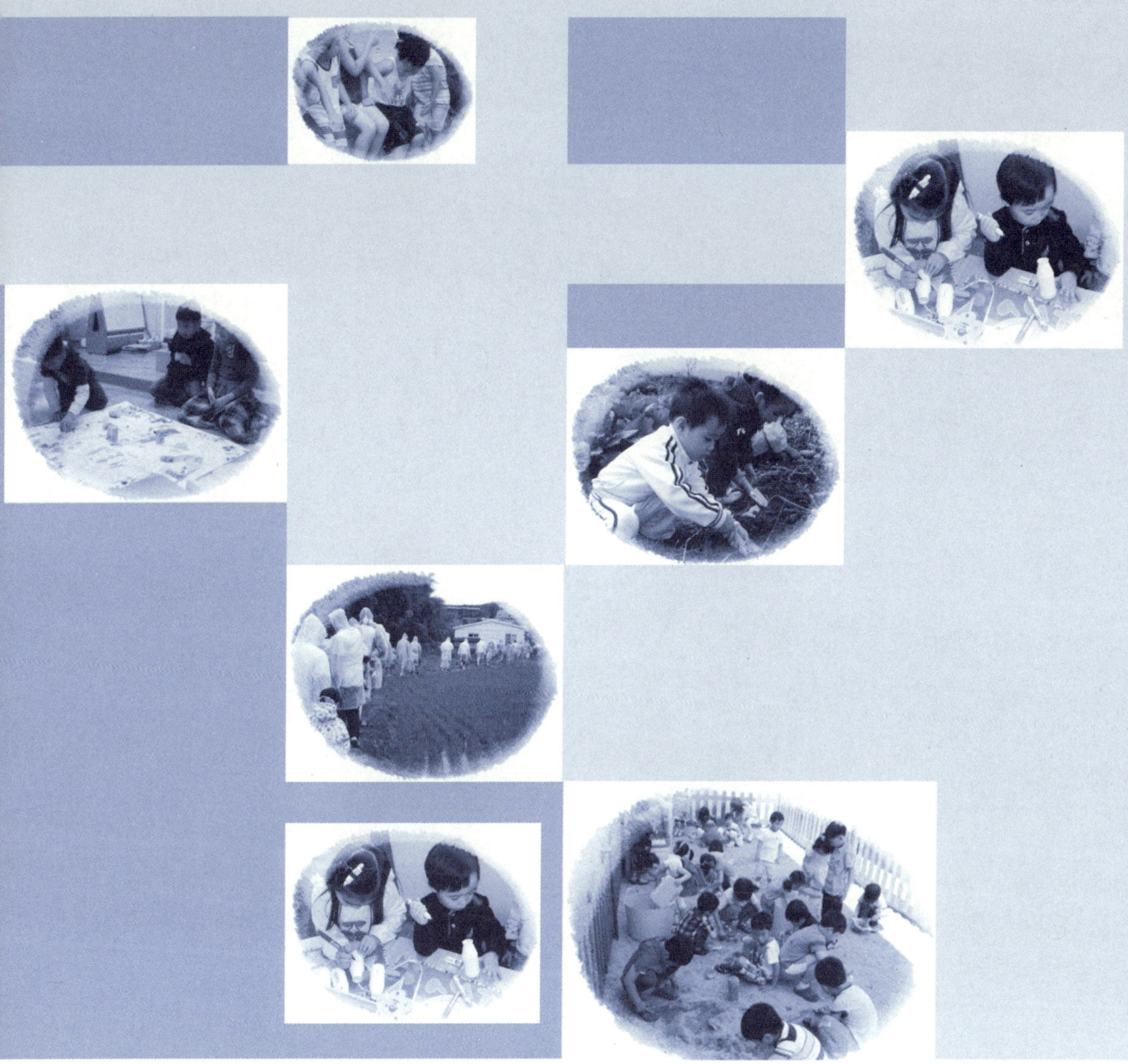

5세 누리교육과정에 기초한

유아놀이지도

류경화 · 하은미

태영출판사

머리말

아이는 태어나기 전부터 어머니의 양수 속에서 마음껏 헤엄치고 놀면서 성장했습니다. 어머니의 따뜻함이 배어있는 뱃속에서 놀이를 자율적으로 배운 아이는 성장하는 과정에서 여러 가지 상황에서 놀이를 즐기게 됩니다.

그러다가 자신의 손, 발, 몸을 가지고 자연스럽게 근육을 발달시키면서 재미있게 놀이를 즐기게 됩니다.

그러다 친구와 함께 병행놀이, 협동놀이, 연합놀이를 하면서 아이는 자연스레 자신의 주변을 확장시켜 나가면서 창의적인 놀이를 하게 됩니다.

소꿉놀이를 하면서 흙으로 사금파리를 가져다가 밥을 짓고, 풀을 뜯어다가 찧고서 물을 부어 국을 끓이고, 또 주변의 흙을 가져다가 부뚜막을 만듭니다. 빈 병의 병뚜껑을 가지고 계란프라이를 만들면서 놀기도 합니다. 이러한 놀이를 통해 아이는 엄마, 아빠, 아기, 어린이가 되는 과정에서 여러 가지 역할들을 합니다.

유아들은 이러한 놀이를 통해, 잠재능력을 발달시키고, 사회가 필요로 하는 인재로 성장해 갑니다.

처음 책을 출판한 지도 많은 시간이 흘렀습니다. 이 책의 수정보완이 필요하다고 느낄 즈음 5세 누리과정이 발표되었습니다. 이에 5세 누리과정에 준하여 이

책을 수정 · 보완하였습니다. 이 책의 구성은 이론편과 실제편으로 구성되어 있으며, 실제편에는 역할놀이, 쌓기놀이, 조작놀이, 물놀이, 모래놀이, 목공놀이, 게임, 산책놀이 영역으로 나누어 각 영역마다 실제활동으로 구성하였습니다. 특히, 실제활동은 2007 개정 유치원 교육과정 및 5세 누리과정 관련요소를 중심으로 서술하였습니다.

최대한의 노력과 정성을 다하였지만 부족한 면도 많이 있습니다. 이 책을 읽는 독자분들의 격려와 조언을 겸허하게 받아들이겠습니다.

마지막으로, 이 책이 다시 수정되어 나올 수 있도록 함께 작업해 주신 하은미 선생님과 태영출판사 김현태 사장님, 그 외 이 책에 관심과 격려를 아끼지 않았던 많은 분들께 감사를 드립니다.

2012. 7.

저자 대표 류경화

차 례

제 1부 놀이지도의 이론

제1부

놀이지도의 이론

제1장

유아와 놀이

1. 놀이의 개념
2. 놀이의 중요성

유아는 놀면서 스스로 배운다. 어른들이 보기에는 아무 의미 없는 행동으로 보이는 것이 유아들에겐 훌륭한 놀이가 될 수 있다. 반면, 아무리 흥미로워 보이는 놀이일지라도 유아들의 내적 동기에 의한 자발적 참여가 아닌 부모나 교사 등의 타인에 의해 제시된 행동이라면 진정한 의미에서의 놀이가 될 수 없으며, 유아들은 놀이를 통한 즐거움과 성취감을 느끼기도 어려울 것이다.

이와 같이 유아들의 본성이라고 할 수 있는 놀이의 개념과 중요성을 살펴보면 다음과 같다.

1. 놀이의 개념

유아는 본능적으로 어머니 태내에서부터 놀이를 즐기고 놀이를 통하여 즐거움과 성취감을 얻는다. 놀이는 동기에 있어서는 자발성을 가지며 놀이를 탐색하는 과정에서 문제해결 능력과 모든 갈등으로부터 벗어나게 된다. 이러한 놀이는 유아에게 있어서 일상적인 생활 그 자체라고 할 수 있다. 유아의 일상적인 생활에서의 일어나기, 세수하기, 미소짓기, 옷 갈아입기, 상대방과의 의사소통, 놀잇감과의 상호작용, 탐색하기 등이 유아에게는 놀이활동이 된다.

이와 같이 놀이는 유아들에게 생활 그 자체이자 잠재된 능력을 표출하고 사고를 확장시켜 자신을 알아가게 하는 통로가 된다. 또한 유아들은 놀이를 통해 언어, 수, 인지, 사회성, 창의성을 풍부하게 하여 유아발달이 통합적으로 이루어지는 것을 돕는다.

Fröbel은 유아의 독특성과 개성을 인정하면서, 놀이에 대해 다음과 같이 설명하였다.

"놀이는 어린이에게 가장 고귀하고 순결한 활동이며 동시에 모든 인간이나 대상들 속에 잠재하고 있는 자연성의 발로이기도 하다. 그러므로 놀이는 세상에 즐거움, 자유, 만족, 휴식, 평화를 준다. 놀이는 선의 모든 원천이기도 하다. 그의 신체가 피곤해질 때 놀이활동에 몰입하고 있는 유아는 그의 자신 및 타인의 복지증진을 위해 헌신할 수 있는 사려 깊고 확고부동한 사람이 될 수 있다. 인간본성을 진실로 이해하고 있는 온후하고 따뜻한 눈매를 가진 자에게 유아의 자발적 놀이는 인간 내면 생활의 발로로 보여지게 된다. 유아의 놀이는 모든 후기생활을 위한 배종(胚種)이다. 왜냐하면, 성숙한 인간은 이러한 놀이활동을 통해 자신의 내적 기질과 성향 등을 개발하여 왔다고 할 수 있다"(Fröbel, 1887).

또한, Isaacs은 놀이는 유아들의 삶 자체이자 이 세상을 이해하는 수단이라고 하였으며, Piaget(1962)는 그의 인지발달이론에 따라 조절에 대한 동화의 우위(조절보다 동화가 우세하면 놀이가 나타난다는 것이다), 즉 외계의 여건에 구애됨이 없이 기존의 schema를 자유롭게 활용하는 활동이 놀이로, 놀이의 주요한 사업은 유아의 사고와 지적 능력을 확장시켜 발달을 통합시키는 것이라고 하였다.

한편, Levy(1978)는 놀이와 놀이가 아닌 행동을 구별하면서 놀이의 특성이 내적 동기(intrinsic motivation), 현실유보(suspension of reality), 내적 통제신념(intrinsic locus of control)인 반면, 놀이가 아닌 행동의 특성은 외적 동기, 현실, 외적 통제신념이라고 하였다. Levy가 지적한 놀이의 세 가지 특성을 구체적으로 살펴보면 먼저, 내적 동기는 행동 자체에서 만족을 얻는 것으로, 행동의 결과에 따라 만족을 얻는 외적 동기와 구별된다. 다음으로 현실유보란 놀이에 몰입하게 되면 '현실적 자아'를 떠나 '환상적 자아'나 '상상적 자아'로 변신할 수 있다는 것으로, 이러한 특성은 유아들이 현실세계에 얽매이지 않고 놀이세계에서 자유롭게 탐색과 경험을 할 수 있도록 해 준다(이숙재, 2007). 마지막으로 내적 통제신념은 자신에게 책임과 통제권이 있다고 믿는 것으로, 이러한 내적 통제신념이 강할수록 만족감이 높아진다.

2. 놀이의 중요성

유아들은 매일매일 대부분의 시간을 놀이를 하면서 보낸다. 놀이는 유아의 생활일 뿐만 아니라 학습의 기본 형식이 되므로, 유아들은 놀면서 배우는 것이다. 즉, 유아들은 놀이하는 과정을 통해서 삶의 기본 방식을 배우고, 사고의 폭을 넓혀 나가며, 감각 운동적인 능력과 기능을 스스로 배우기도 한다.

놀이 기술이나 규칙에 익숙해지면서 놀이의 내용을 터득하게 되고, 새로운 창작도 할 수 있다. 놀이를 통해 탐색하는 과정에서 사고의 폭이 넓어지면서 지적 이해를 가능케 해 주며 동시에 정서적 발달과 사회적 학습의 기회를 제공해 준다. 유치원의 창시자 Fröbel은 그의 저서 「인간교육」에서 어린이의 놀이는 어린이의 생활 그 자체이기에 놀이를 잘 지도하는 것이 유아의 생명을 꽃피게 하는 것이라고 하였다. 또한 유아들의 놀이는 유아의 내면적 정신활동의 외적 표현이라고 주장하였다.

Platon시대 때부터 철학자들과 교육자들은 유아들에게 놀이라는 교육기회를 제공해 주어야 한다고 주장해 왔다. 유아의 활동이 곧 놀이이기 때문에 유아가 어떤 교과영역(curricula area)에서든지 각종 능력을 획득할 수 있는 가장 자연적이고도 효율적인 방법은 놀이를 통해서 다루어진다고 하였다. 이후 Comenius(1967)도 학습은 감각이 관여할 때 가장 잘 성취된다고 여겼고, 감각교육(sensory education)은 모든 학습의 기초가 된다고 하였는데, Comenius가 강조하는 감각교육의 기초가 되는 것이 바로 놀이라고 본다면, 놀이의 중요성은 더욱 부각된다. 교육자 Frank도 “놀이는 어느 누구도 가르칠 수 없는 어린이의 학습방법이다.”라고 하였다. 이러한 Frank의 말은 우리가 유아들이 세상을 경험하도록 돕기 위해 노력하고 있음에도 불구하고 우리의 이러한 노력이 종종 실패로 돌아가고 만다는 것을 통해서 깨달을 수 있다. 다시 말해서 유아는 놀이를 통하여 가장 효율적인 학습을 할 수 있으므로 가능한 한 자유롭게 놀 수 있는 환경을 제공해 주는 것이 중요하다. 특히 유아는 자신의 감정과 생각들의 쉽게 언어화할 수 없기 때문에 그들의 감정과 생각은 언어에 의해서보다는 놀이에 의해서 더 잘 표현될 수 있다. 이러한 놀이를 통한 학습의 중요성은 유치원 교육과정에 제시된 "유아들의 학습활동은 가능한 한 구체적이고 직접적인 경험과 놀이를 통하여 이루어지도록 한다"는 항목을 통해서도 확인할 수 있다.

한편, 우리 문화에서는 우리는 놀이를 지적 추구와는 무관하며 비생산적인 것으로 생각하는 경향이 있다. 즉, 놀이란 학교가 파한 후 혹은 일이 끝난 후에 하는 어떤 것으로 생각한다. 그러나 어린 유아에게 있어서 놀이는 곧 일이라고 보아야 한다. 1930년의 〈아동 건강과 보호에 관한 백악관 회의〉에서도 "유아에게 있어서 일은 곧 놀이이며, 놀이는 곧 일이다."라는 내용이 담긴 어린이 헌장을 공포하였다. 따라서 유아의 놀이는 유아가 새로운 영역을 탐색해 나가며, 그들의 이해를 넓혀 나가는 수단일 뿐만 아니라, 유아가 자신의 역할을 이해하고 배워 나가는 중요한 방법이라는 점에서 매우 중요하다. 게다가 유아들은 놀이를 통해 기쁨, 슬픔, 불안, 좌절, 질투, 공포, 분노 등의 감정을 표출하게 하므로, 유아의 정서적 갈등을 해소하고, 유아에게 즐거움과 평화를 제공해 주는 것이 놀이이다.

또한 Fröbel은 놀이는 유아가 지닌 가능성과 잠재력을 발전시키는 유일한 수단이라고 보았으며, 이러한 놀이를 교육에 적용시키고자 하였다. 그는 인간의 본질은 신성하기 때문에 인간은 신처럼 항상 창조하고 생산할 수 있는 능력을 지니고 있는데 이 능력(창의력)을 키워 주기 위해서는 이상적인 놀이 도구가 제공되어야 한다는 점에서 유아를 위한 놀잇감이자 학습의 도구인 은물을 제작하기도 하였다.

그러므로 유아의 놀이는 그들의 경험에 기초를 두고 있으며 무목적적이거나, 맹목적이거나, 무방향적인 활동이 아니다. 즉, 놀이는 유아가 세계를 파악하려는 노력이며, 유아가 기본적인 개념을 학습하고 환경에 적절히 대응하는 태도를 발달시키는 기회를 제공하는 중요한 매체이자 안락감을 얻으려는 시도이며, 유아들이 자신의 세계를 새롭게 창조하고 바꾸어 나가는 방법이기도 하다.

실제로 유아들의 놀이상황을 살펴보면 한 유아가 다른 유아와 함께 놀이를 계획

하고, 이야기를 구성하여 놀이하며 간단한 역할놀이를 할 때 언어발달과정에 적극적으로 참여하고 있다는 것을 알 수 있다. 또한 어떤 유아는 아파트, 우리동네, 도로 등을 꾸미는 것을 보면 다양한 방법으로 같은 자료로 놀이할 때 자율적으로 탐색하면서 과학적 개념을 다루고 있으며, 블록을 쌓으면서도 초보적인 물리개념, 수학개념을 배워 가고 있음을 알 수 있다. 즉, 유아들은 놀이를 통해 자기에게 주어진 경험들을 검증하고, 평가하며, 재평가하고, 생각하며, 이해하고 구성해 내는 것이다.

이와 같이 유아에게 중요한 의미를 가지는 놀이의 교육적 가치를 나열해 보면 다음과 같다.

(1) 놀이를 통해서 신체의 성장 · 발달을 하게 된다.
(2) 놀이는 자발적인 행동이다.
(3) 놀이는 유아 자신이 주인이다.
(4) 놀이는 유아의 상상의 세계를 제공해 준다.
(5) 놀이는 언어습득의 좋은 기회이며 의사소통 능력을 길러 준다.
(6) 놀이는 억압된 정서적 긴장을 해소시켜 주는 도구이다.
(7) 놀이는 자신의 욕구와 소망을 표현해 볼 기회를 제공한다.
(8) 놀이는 흥미와 주의집중 능력을 신장해서 학습의 원천이 된다.
(9) 놀이는 유아가 주변의 세계를 탐색해 나아간다.
(10) 놀이는 자기통찰력을 발달시킨다.
(11) 놀이는 사회적 능력을 발달시킨다.
(12) 놀이는 유아들에게 그 사회의 도덕적 기준을 배우게 한다.
(13) 놀이는 적절한 성역할 행동을 배울 수 있는 기회를 제공한다.
(14) 놀이는 유아들에게 바람직한 성격 특징을 발달시킨다.

앞에서 살펴본 바와 같이 유아의 놀이는 바로 그들의 축소된 세계이며, 놀이는 유아들이 통합적이고 가치로운 삶과 조화 있는 사람으로 성장할 수 있는 기회를 제공하고 있으므로 유아기 놀이의 중요성은 강조된다.

제 2 장

놀이이론

1. 고전적 놀이이론
2. 현대적 놀이이론

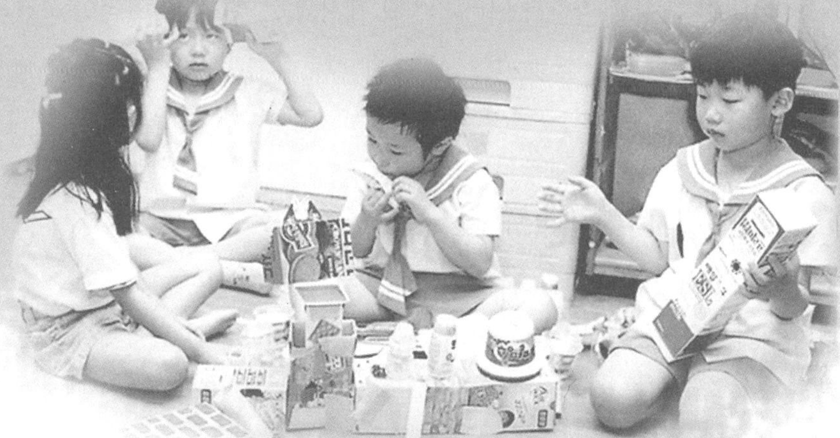

놀이의 중요성이 강조되면서 놀이의 본질이 무엇인지에 대한 질문이 나오게 되었다. 놀이를 하는 생리학적, 심리학적 동기가 무엇인지에 대해서는 학자들 간에 의견을 달리하고 있으나, 크게 고전적 놀이이론과 현대적 놀이이론으로 구분하여 설명한다.

고전적 놀이이론은 놀이가 왜 존재하고 있는지를 제시하고 있으며 목적이 무엇인가를 설명하고자 하는 것으로 철학적 사고를 중심으로 이론적 전개가 이루어진 것이다. 반면 현대적 놀이이론은 놀이의 역할과 놀이 행동의 원인이 되는 상황을 설명한 것으로 정신분석학이나 인지발달이론 등과 같은 심리학이 놀이의 개념에 영향을 미치면서 놀이의 중요성 연구에 더 많은 심혈을 기울이게 되었다.

고전적 놀이이론은 현대적 놀이이론이 발전할 수 있는 발판이 되었으며, 현대적 놀이이론으로 접근할수록 지식의 체계가 잡혀져 가고 놀이 행동을 보다 과학적인 체제로 살펴볼 수 있음을 알 수 있다.

1. 고전적 놀이이론

놀이이론은 학설에 따라서 여러 가지로 제시되고 있으나 대표적인 고전적 놀이이론에는 잉여 에너지이론(surplus energy theory), 사전 연습이론(pre-execise theory), 반복이론(recapitulation theory), 휴식이론(relation theory) 등이 있다.

1) 잉여 에너지이론(Surplus energy theory)

잉여 에너지이론은 영국의 Spencer와 독일의 Schiller의 철학에서 많은 영향을 받은 것으로 놀이는 기본적 생존에 더 필요하지 않은 잉여 에너지 때문에 일어난다는 것이다.

Schiller는 놀이는 잉여 에너지가 뚜렷한 목적 없이 소비되는 것으로 보았다. 그에 의하면 인간은 삶 속에서 기본적 욕구를 충족시키기 위해서는 일을 하게 되는데 생활의 기본적 욕구가 충족된 후에 남겨진 과잉 에너지의 소산이 놀이라고 한다.

Spencer 역시 놀이를 물이 끓으면서 발생되는 증기에 비유하면서 성인들에 비해 과잉 에너지를 많이 갖는 유아들이 놀이를 많이 한다고 하였다.

잉여 에너지이론은 인간의 정신적, 신체적 긴장을 놀이를 통해 해소할 수 있다는 점에 기초하며, 당시의 체육활동이나 운동을 합리화하는 데 기여하였다. 그러나 잉여 에너지이론은 놀이를 외형적인 움직임이 수반되는 행동으로 한계를 지어 설명한다는 점과 유아들의 경우 에너지 과잉상태 뿐 아니라 피로한 상태에서도 끊임없이 놀이를 즐기며, 신체적 놀이 이외에 정신적 놀이를 설명하기가 어렵다는 점에 한계를 가진다.

2) 사전 연습이론(Pre-execise theory)

Gross는 놀이가 불완전한 유전적 본능을 연습하려는 충동에서 일어난다고 하면서 '생활준비설'을 설명하였다. 즉, 다른 동물과 달리 인간은 태어날 때부터 불완전한 능력을 갖고 태어나므로 생존에 필요한 기술을 발달시키기 위해서는 놀이를 통한 연습이 필요하다는 것이다. 따라서 놀이를 성인생활에서의 역할을 수행하기 위해 유아들에게 준비시키는 초보적인 형태로 보았는데, 영유아들이 걷기 위해 몸을 뒤집는 것, 기어가기, 앉기, 일어서기 등의 연습을 계속하면서 완전하고 정교한 행동을 발달시키는 과정 등이 그 예라고 할 수 있다.

Gross의 주장은 놀이를 단순한 가치도 없고 쓸모도 없는 소비적 행동으로 여겼던 것을 생물학적으로 진지한 목적 하에 이루어지는 의미있고 가치있는 행동으로 보게 하는데 공헌하였다. 그러나 놀이는 단순한 기술뿐 아니라 전인적 발달에 영향을 주고 있으며, 성인기에 필요한 기술을 연습하여 획득한 후에도 놀이가 계속된다는 점은 사전 연습이론으로 놀이를 설명하는데 한계가 있다.

3) 반복이론(Recapitulation theory)

다윈의 진화론에 기초하고 있는 반복이론은 미국의 심리학자 Hall이 주장하였다.

Hall은 놀이를 인간의 진화론적 과정에서 거친 여러 계통발생적인 반복으로 설명하며, '문화의 반복'으로 설명하였다. 즉, 원시적 삶의 모습이 놀이로 계승되어 왔다는 것이다. 따라서 놀이의 목적은 놀이활동을 통하여 현재 생활에 더 이상 필요하지 않은 조상의 원시적 본능을 해소시키는 것이라고 보았다.

반복이론에 의하면 유아들이 놀이기구를 타고 기어오르는 것은 조상들이 나무에 올라가 열매를 따는 행위의 재현이라고 설명한다. 그러므로 유아는 성장하면서 놀이를 통해 원시적인 감각 운동적 수준의 활동을 줄이고 현대 생활에 필요한 활동들을 준비한다고 보았다.

4) 휴식이론(Relation theory)

휴식이론의 대표적인 학자인 Patrick은 인간이 일을 함으로써 느끼는 피로감을 풀고 휴식을 하고 싶을 때 놀이를 한다고 주장하였으며, Lazarus는 놀이는 에너지의 결핍을 극복하기 위한 개인적 욕구의 수단이라고 하였다. 특히 Lazarus는 일과 놀이를 구별하여 일은 목적지향적, 신체적, 정신적 고통이 수반되는 반면, 놀이는 자기 선택적, 신체적, 정신적 휴식과 자유로움을 얻고 정서적 쾌감을 제공하는 활동이라고 보았다.

인간은 소근육운동에 의존하는 활동을 주로 하기 때문에 활동하고 있지 않은 대근육운동을 하려고 하는데 이러한 욕구가 바로 놀이라는 것이다. 그러나 휴식이론이 일로 인한 피로감 회복을 위해 놀이를 한다고 본다면 일을 거의 하지 않는 유아들이 하는 놀이를 설명하기가 어렵다는 한계를 가진다.

이상에서 살펴본 바와 같이 고전적 놀이이론들은 인간의 활동에 있어 놀이가 기초가 된다는 것을 합리화해 주기는 하지만 서로 상반되는 견해로 놀이를 설명하기가 부족한 점이 많다.

2. 현대적 놀이이론

현대적 놀이이론은 1920년대 이후 제기된 현대 심리학에 영향을 받아 유아의 발달과 학습에 있어서 놀이의 기능이나 역할을 규명하고, 놀이 행동의 원인이 되는 선행 조건들을 파악하고자 한다. 따라서 현대적 놀이이론에서는 놀이의 과정을 강조하고, 유아의 탐색과 관찰 및 교수-학습 방법의 연구에 역점을 둔다.

이러한 현대적 놀이이론은 크게 3가지로 나누어 볼 수 있다. 첫째, 놀이가 유아의 정서발달에 영향을 미친다는 정신분석적 이론, 둘째, 인지발달에 근거한 인지발달적 이론, 마지막으로 행동주의적 접근에서 놀이행동은 자극-반응의 연합으로 습득된다고 하는 학습이론이다.

1) 정신분석적 이론(Psychoanalytic theory)

정신분석 이론가인 Sigmund Freud와 Anna Freud에 의하면 놀이가 유아의 정서발달에 중요한 역할을 하고 유아의 불안한 정서를 감소시켜 정서발달에 긍정적 영향을 줄 수 있다고 하였다. Freud에 의하면 인간의 모든 행위에는 그 행위가 발생하게 된 원인이 있다는 것이다. 따라서 유아의 놀이 또한 저절로 일어나는 것이 아니고 유아의 감정과 생각에 의해서 발생한다는 것이다. 이러한 Freud의 관점에 의하면 놀이는 유아의 감정을 정화시켜 주는 효과를 가지고 있으므로, 유아는 놀이를 통해 부정적인 감정을 제거할 수 있다고 한다. 즉, 유아가 역할놀이를 하는 과정에서 현실세계에 대한 생각을 잠시 보류하고 부정적인 경험을 능동적으로 받아들임으로써 긍정적 정서로 전환하는 경험을 할 수 있다는 것이다.

Freud와 Erikson에 의하면 놀이란 유아로 하여금 자아강화(ego-strength)를 향상시킨다고 한다. 이들에 의하면 유아는 놀이를 통해서 Id와 Superego 간의 갈등을 제거할 수 있으며, 놀이는 쾌락원리(pleasure principle)에 의해 동기가 부여되기 때문에, 만족의 원천이 된다. 놀이는 또한 심리적 긴장(psychic tension)을 풀어주는 정화적 반응(cathartic response)이기도 하다. 놀이는 유아들이 의사소통을 하는데 정화기능을 할 뿐 아니라 괴로운 감정에서 벗어나도록 하며 어려움을 해결하는 데 도움을 준다. 즉, 유아는 놀이를 하면서 자신의 감정을 자연스럽게 노출할 수 있을 뿐만 아니라, 현실에 적응하기 위해 타협하는 방법도 배우며, 현실적으로 이루기 힘든 일을 놀이활동 속에서 실현해 내어 욕구를 충족시켜 간다. 그러므로 놀이란 자아의 기능이며, 육체적인 Id와 Superego를 조정하는 역할을 하는 것으로 안정되고 평형의 상태를 복귀하려는 노력의 일환이라고 할 수 있다.

또한 유아에게 정신적 치료의 가장 효과적인 수단이 놀이라는 점에서 놀이를 이용하여 유아의 정서적 안정을 찾기 위한 방법으로 놀이치료(play therapy)를 활용하기도 하였다.

2) 인지이론(Cognitive theory)

인지이론의 대표적인 학자인 Piaget에 의하면 유아는 놀이를 통하여 새로운 정보를 받아들이고 적응하는 것을 반복하면서 인지발달을 하게 된다고 한다. Piaget는 유아의 놀이란 새롭고 다양한 대상들을 학습하는 통로라고 하였다. 놀이가 사물의 개념 및 기능을 강화해 주고 확대하는 통로로써 유아의 사고를 행동과 통합하는 것이다. 유아놀이란 실제의 세계를 자신의 현재의 인지 양식 속에 동화시키려는 행위라는 것이다.

유아는 놀이를 통해 새로운 지식을 형성하고, 세상을 이해해 나간다. 예를 들면, 퍼즐을 가지고 노는 유아는 눈과 손의 협응, 균형감각 대 · 소근육의 발달이 향상될 수 있으며 퍼즐의 크기, 모양에 따라서 자신이 생각한 인지발달의 수준에 따라서 놀이하게 되고 새로운 인지 양식을 내면화하게 된다.

즉, 놀이는 새로운 정보를 받아들이고 적응시키는 일을 반복적으로 수행하면서 인지발달을 촉진시킨다. 따라서 유아의 학습은 '놀이'를 통하여 이루어지는 것이 가장 합리적인 교수방법이라 할 수 있다.

3) 학습이론(Learning theory)

행동주의에 근거한 학습이론은 놀이 행동은 자극-반응의 연합으로 습득된다고 한다. 학습이론에서는 관찰 가능하고 측정 가능한 행동에 관심을 가지며, 유아 발달의 중요한 변인을 환경으로 본다. 학습이론적 관점에서 유아들은 자신의 환경 내의 자극에 반응하는 존재이며, 모든 행동은 학습되어진 것으로 외부의 환경에 영향을 받아 형성된다. 학습은 관찰 가능한 행동이 외부의 보상과 칭찬을 통해서 발달한다. 이 때 성인은 유아들의 행동을 변화시키는 중요한 역할을 한다. 사회학습 이론가인 Bandura는 유아의 성장 · 발달 및 행동에 긍정적 영향을 미치기 위해서는 강화, 칭찬, 격려보다는 유아 스스로 자신의 환경 속에서 의미 있는 타인인 모델을 관찰, 모방함으로써 동일시함으로써 사회적으로 적절한 행동을 학습하게 된다고 한다. 그러므로 교사와 부모는 좋은 동일시 모델이 될 수 있도록 해야 한다.

이상에서 살펴본 세 가지 놀이이론은 현대적 놀이이론의 대표적인 예이며, 그 외 놀이가 최적의 각성 상태를 유지하기 위한 중추신경 체제의 충동이나 필요성에 기인한다는 각성조절이론과 유아가 놀이를 하면서 가장된 역할에 몰두하고 놀이 중의 행동이 상상적인 의미에 초점을 둔 사회 문화적 상호작용이론 등이 있다.

제 3 장

놀이의 유형

1. 심리학적 관점
2. 사회학적 관점
3. 인지적 관점

유아의 모든 하루일과를 구성하고 있는 놀이는 놀이가 이루어지는 장소, 놀이의 종류나 놀이를 보는 관점에 따라 다양하게 분류할 수 있다.

이 장에서는 유아 놀이의 유형을 발달적 관점에 따라 심리학적 관점, 사회적 관점, 인지적 관점에서 살펴보고자 한다.

1. 심리학적 관점

Buhler은 심리학적 관점에서 놀이의 유형을 감각 · 운동 · 모방 · 수용 · 구성놀이로 분류하여 제시하였다. 이에 대해 자세히 살펴보면 다음과 같다.

1) 감각놀이(기능놀이)

감각 운동적 놀이는 연습놀이 혹은 기능놀이로 불려지며 영아기 초기에 시작된다. 이 시기의 놀이 형태는 감각적으로 '빨기', '쥐기'와 같이 반복적인 패턴의 행동이나 도식(schema)이 주를 이루고 있다. 이러한 도식은 연령이 증가함에 따라서 협응된 형태로 발전하게 되는데 사물과의 관계에서도 나타나지만 부모나 양육자와의 관계, 일상적인 행동의 유형에도 감각 운동적 놀이가 포함되어서 나타난다.

2) 운동놀이

대근육을 이용한 놀이로서 자신의 신체 부위를 가리키고 노는 일, 예를 들면 누워서 발을 입에다 갖다 넣고 손을 가지고 노는 것이다. 팔다리, 신체 등을 리듬에 맞추어서 동작놀이를 즐기며 놀고 그네, 놀이기구나 세발자전거를 타면서 놀이를 한다.

3) 모방놀이(가작화놀이)

유아들이 어른들의 행동과 생활을 흉내내며 즐기는 놀이이다. 소꿉놀이나 역할놀이가 그 대표적인 놀이이다. 유아들은 모방놀이를 통해 성인들의 삶의 모습을 자연스럽게 모방하게 되고 동일시하게 된다.

4) 수용놀이(감상놀이)

어린이들 자신이 적극적으로 활동하며 즐기는 것이 아니라 수동적으로 즐기는 놀이이다. 예를 들면 그림책을 보거나, 노래 · 동화를 듣거나 영화를 보며 즐기는 놀이이다.

5) 구성놀이

어떤 소재를 가지고 창작적으로 여러 가지 것을 조립 혹은 만드는 놀이를 말한다. 적목, 점토, 그림그리기 등이 그 예이다(김옥련, 1983).

2. 사회학적 관점

Parten(1932)은 유아의 사회적 참여 정도에 따라 놀이 행동을 다음과 같이 6가지 형태로 구분하였다. Parten이 제시한 6가지 다양한 형태의 놀이는 ① 혼자서 노는 단계로부터, ② 다른 유아들 곁에서 놀되 그들과 함께 어울려 놀지 않는 단계, ③ 최종적으로, 2명 이상의 다른 유아들과 실제로 상호작용하면서 협동하는 단계로 진행하는데, 유아들은 이러한 놀이를 통해 점점 더 복잡한 사회관계(social relationship)로 이행해 나가는데 도움을 받을 수 있다는 것이다. Parten이 제시한 6가지 놀이에 대해 자세히 살펴보면 다음과 같다.

1) 비참여행동

비참여행동(unoccupied behavior)은 흥미에 따라 이동하거나 시선을 돌리는 등 특별한 의도가 없는 행동이다. Parten(1932)은 흥밋거리가 없을 때 영아가 자신의 몸을 만지작거리거나, 앉았다 일어서거나, 여기 저기에 서 있는 행동을 비참여행동으로 규정하였다. 그러나 이러한 행동을 놀이 행동으로 규정짓기는 어렵다.

2) 방관자적 행동

방관자적 행동(onlooker behavior)은 다른 유아들이 노는 것을 지켜보는 행동이다. 자신이 놀이에 참여하지는 않으나 친구들에게 말을 걸거나 제안을 하기도 한다. 방관자적 행동은 우연히 보여지는 흥밋거리를 보는 것이 아니라 특정 집단을 관찰한다는 점에서 비참여행동과는 구분된다. 이 때 유아는 다른 유아들이 노는 것을 모두 보고 들을 수 있는 가까운 거리에서 지켜본다.

3) 혼자놀이

혼자놀이(solitary independent play)는 단독놀이라고도 하며 주위의 다른 유아들이 가지고 노는 장난감과는 다른 장난감을 가지고 혼자 노는 것이다. 주위의 유아들과 관계없이 자신의 활동만을 한다.

4) 병행놀이

병행놀이(parallell activity)는 다른 유아들과 독립되어 놀지만 다른 유아들 속으로

자연스럽게 접근되는 놀이이다. 혼자놀이와 달리 주위의 유아들과 같은 장난감을 가지고 놀기는 하지만 함께 노는 것은 아니며 자신의 마음에 드는 장난감만을 가지고 노는 것이다. 이 때 주위의 유아들과 활동에 영향을 미치려는 노력은 하지 않는다. 그러므로 친구들과 함께 노는 것이 아니라 단지 옆에서 노는 것이라 볼 수 있다.

5) 연합놀이

연합놀이(associative play)는 다른 유아들과 함께 어울려 놀고 활동에 관련된 대화를 하며 노는 것이다. 놀이기구를 공유하고, 집단 속에서 규칙에 대한 통제를 시작하는 시기이다. 그러나 조직의 결속력은 약해서 유아 자신의 흥미나 관심을 함께 놀이하고 있는 집단에 예속시키려 하지는 않으며 유아 자신이 원하는 바에 따라 행동한다.

6) 협동놀이

협동놀이(cooperative or organized supplemetary play)는 놀이의 목적이 같은 집단 속에서의 놀이를 의미한다. 놀이는 리더를 중심으로 진행되며 활동에는 통제가 따른다(Weininger, 1979). 경쟁적 요인도 작용하며 집단에 대한 명확한 소속감 혹은 비소속감을 지닌다. 또한 리더를 중심으로 놀이가 진행되며 통제된 활동을 한다(Weininger, 1979).

한편, Erikson(1950)은 그의 저서 「아동기와 사회(Childhood and Society)」에서 놀이를 주변 환경에 숙달되기 위한 발달적 현상으로 설명하면서 유아의 놀이를 다음의 세 단계로 구분하였다.

(1) 자기 세계의 놀이

자기 세계의 놀이(autocosmic play)는 출생에서부터 1.5세 사이에 나타나는 놀이

형태로서 전적으로 자기 신체에 집중된 탐색적 · 반사적 놀이를 하게 된다. 이 시기가 끝날 무렵에 유아는 놀이의 대상을 주변 사물과 사물에게까지 확대할 수 있게 된다.

(2) 미시영역 놀이

유아가 자기 세계의 놀이시기에서 벗어날 무렵부터 2, 3세까지 계속되는 미시영역 놀이(microcosmic play)는 유아들이 놀잇감이나 사물을 조작하는 놀이로서 이러한 사물의 조작에 익숙해지는 과정은 유아가 스스로를 보다 유능한 존재로 느낄 수 있도록 하는 기능을 갖고 있다. 그러나 유아가 이러한 작은 우주와 같은 놀이 환경에서 유능감을 획득하지 못하는 경우 이전 단계인 자기 세계의 놀이로 퇴행하게 될 수도 있다.

(3) 거시영역 놀이

3~4세경부터 유아들은 놀이친구를 갖게 되고 그들과의 놀이를 시작하게 된다. 주로 성인들의 세계를 이해하는 데 목적을 둔 극놀이의 형태로 나타나게 되며 그러한 놀이는 자신만의 우주가 아닌 다른 사람과 공유하는 우주 속에서 이루어지므로 보다 사회적인 이미지가 강하게 나타난다.

3. 인지적 관점

Smilansky 놀이유형 분류는 오늘날 인지적 놀이유형 분류의 모델이 되고 있다(지성애, 1994). 이에 대해 자세히 살펴보면 다음과 같다.

1) 기능놀이(functional play)

유아의 처음 놀이로서 단순한 근육운동이라고 말할 수 있다. 유아는 행동이나 손으로 조작을 반복하고 다른 사람의 행동을 단순히 모방하여 반복한다. 물체를 갖고 놀든, 가지고 놀지 않든 간에 공 굴리기나 장난감을 끌거나 잡아당기기와 같은 단순하고 반복적인 근육운동이다.

2) 구성놀이(constructive play)

유아가 놀잇감을 다루어 새로운 무엇인가를 창조하거나 만드는 놀이이다. 유아는 구성놀이를 통하여 창조의 즐거움을 누리게 된다. 놀이활동이 있는 후에는 놀이의 결과가 남는다는 것이 특징이다.

3) 극놀이(dramatic play)

유아의 개인적 요구나 희망을 만족시키기 위해 상상적인 상황으로 대치하는 놀이이다. 누군가 혹은 다른 어떤 사람(㉔ : 의사, 간호원, 군인, 경찰 등)이 된 양 가장하는 것으로 아주 단순한 활동에서 보다 정교한 계획으로 계속 발전해 간다.

다른 사람의 역할을 가장하는 역할모방 놀이와 베개를 등에 업고 아기를 달래는 활동 또는 연필은 주사기로 가장하고 주사 놓는 흉내를 내는 것 등과 같은 가상전환 활동이 여기에 해당된다. 극놀이에서 유아는 자신의 직접 경험이나 간접 경험을 나타내기도 한다.

4) 규칙이 있는 게임(game with rule)

유아들이 미리 정해 놓은 규칙을 받아들여 거기에 적응하는 놀이이다. 규칙이나 구조, 일정목표를 가지는 활동으로 꼬리말 짓기, 말뚝박기, 과녁 맞추기, 카드게임

과 같은 것이 있다. 또한 주어진 한계에서 자신의 행동, 동작 반응을 조절한다.

또 다른 인지발달적 관점으로 Piaget의 놀이유형 분류를 들 수 있다. Piaget는 유아의 놀이를 발달단계에 따라 다음과 같이 3가지로 분류하여 설명한다.

(1) 연습놀이(practice play)

주로 감각운동기(0~2세)에 나타나는 놀이유형으로 전에 경험한 행동을 반복하게 되는 순환반응을 보인다. 유아는 적극적인 탐색을 통해 놀이에서의 성공을 반복하게 되고, 놀이에서의 성공은 변화를 가져오게 되어 놀이의 발달을 초래한다. 예를 들면, 놀잇감을 떨어뜨린 후 그것을 주워서 다시 떨어뜨리는 행동처럼 반복적인 행동이 유아에게 놀이가 된다.

(2) 상징놀이(symbolic play)

전조작기(2~6세)에서는 자신의 욕구에 따라 새로운 세계를 만들어 가는 상징놀이가 나타나게 되는데 다음과 같은 발달과정을 거치게 된다.

① 전 상징적 단계 : 빗을 머리에 대고 머리 빗는 흉내를 낸다.
② 자기 가작화 단계 : 빗과 비슷한 물건을 들고 머리 빗는 흉내를 낸다.
③ 분산된 가작화 단계 : 빗과 비슷하지 않은 물건을 들고 머리 빗는 흉내를 낸다.
④ 가작화놀이의 통합 : 놀잇감이 없이도 흉내를 낼 수 있다.
⑤ 계획적 상징놀이 단계 : 유아 자신이 무엇을 상징화할 것이며, 이를 위해 무엇이 필요한지 생각할 줄 알게 한다. 적절한 놀잇감을 준비해 주면 상징놀이를 더욱 확장시키고 발전시켜 나가는데 큰 도움을 줄 수 있다.

(3) 규칙 있는 게임(games-with-rules)

구체적 조작기의 유아의 놀이는 놀이집단과 도덕적 규칙에 의해 조절된다. 자기

중심적 사고에서 벗어나는 인지적 경험과 함께 구조화된 놀이로서 게임을 이해하며, 게임에 적용되는 규칙을 지키는 경험을 계속적으로 하게 된다.

이상에서 살펴본 바와 같이 놀이의 유형은 관찰자의 관점에 따라 다양하게 분류될 수 있다. 놀이의 유형분류는 놀이의 본질 그 자체를 명료하게 해 주며 주어진 여건에 따라 놀이를 분류하여 제공함으로써 놀이의 의의를 한층 더 살릴 수 있다.

제 4 장

유아발달과 놀이

1. 연령별 놀이의 특징
2. 유아 발달영역과 놀이

유아기의 놀이의 발달과정은 유아가 성장함에 따라 변화하고 발달한다. 유아기는 모든 성장이 급속도로 이루어지는 시기로 대부분의 시간을 유아들은 끊임없이 탐색하면서 자발적으로 놀이를 한다. 유아들은 놀이를 통하여 운동기능을 발달시키고, 성취감과 자신감을 가지며, 사회적 관계와 타인의 역할을 수용해 가는 과정에서 일상생활에 관련된 지식, 기능, 태도 등을 학습하고, 지적, 사회적, 정서적, 신체적, 언어적 발달에 영향을 미친다.

이러한 관점에서 볼 때 놀이는 유아에게 매우 커다란 심리적, 교육적, 사회적 중요성을 가지며, 유아의 놀이에 대한 가치 및 관심도가 높아져 가고 있다.

이 장에서는 유아의 연령에 따른 놀이의 특징을 알아보고, 놀이에 대한 가치를 신체, 언어, 인지, 정서, 사회 등의 발달영역에 따라 살펴보고자 한다.

1. 연령별 놀이의 특징

유아의 연령별 놀이 특징에 대해서는 여러 학자들의 주장이나 연구 결과에 따라 견해가 다르게 나타나고, 유아들은 연령에 따라서, 개인차에 따라서 놀이의 형태가 다르게 나타난다. 그러므로 놀이는 유아가 성장함에 따라 변화하고 발달을 하게 된다.

유아가 생활주변에서 흥미 있어 하고 즐겨하는 놀이의 발달과정을 유아의 연령에 따라 살펴보면 다음과 같다.

1) 만 3세

3세를 전후해서 유아들은 자기 자신의 신체에 대해 지각을 하게 되고 그에 따라 자아개념이 발달하게 된다. 그러므로 자신의 몸을 움직여 뛰고, 기어오르는 것을

통해서 자신감과 성취감을 느끼게 되는 시기이다.

만 3세 유아의 놀이 특징을 구체적으로 살펴보면 다음과 같다.

첫째, 이 시기에는 주변 놀이터에서 흔히 볼 수 있는 달리기, 그네, 미끄럼틀, 시소, 흔들목마, 유아용 자동차 등이 좋은 놀잇감이 될 수 있다.

둘째, 어휘가 급격하게 늘고, 문장을 갖추어 이야기하는 시기이므로, 무엇이든지 이름을 알려고 하며, 차츰 그 사물의 용도, 기능 등을 알아내려고 한다. 따라서, 실제 사물이나 도구 등이 그려진 그림책, 그림과 함께 간단한 줄거리가 있는 이야기책, 자신의 앨범 등이 좋은 놀잇감이 된다.

셋째, 3세를 전후한 유아들은 모방놀이를 시작하게 되므로 다양한 자료를 제공해 주어 자신이 관찰한 주변세계를 놀이 속에서 모방해 보게 한다. 또한 조각 놀잇감도 좋아한다. 맞는 모양 찾아 끼우기, 크고 작은 그릇 쌓기, 뚜껑 찾기 등은 이들의 놀이발달을 자극해 줄 수 있는 좋은 자료가 될 수 있다.

넷째, 재활용품, 종이, 크레파스, 풀, 점토, 찰흙, 물, 모래 등 다양한 자료를 가지고 자유롭고 창의적으로 그리며 만들고 꾸미는 것을 매우 흥미로워한다.

다섯째, 음악에 대해 대단히 민감한 반응을 나타내는데, 좋은 음악을 들려줄 뿐만 아니라 실제로 소리를 만들어 내보는 경험을 해 보도록 하는 것이 중요하다.

여섯째, 자기 자신을 독립된 개체로 인식하기 시작하며 자율성과 독립성이 싹튼다. 따라서 조용한 놀이공간을 마련해 주고 놀이 후 정리 정돈도 자율적으로 하도록 도와줄 수 있다.

일곱째, 아직 감정조절이 잘 안 되고 감정표현의 변화가 심하다. 문제상황에 대처해 내는 기술이 부족하여 잦은 싸움이 일어날 수 있다. 또래에게 관심을 갖기는 하지만 사회성이 부족하여 병행놀이가 많이 나타나며 연합놀이가 조금씩 나타나기 시작한다. 또한 놀이집단이 일정하지 않고 지속기간이 짧다.

이 시기의 유아는 자기 중심적인 사고를 하게 되고 친구가 함께 있으면 좋아하는 경향은 있으나 아직까지는 친구와의 관계를 증진시키는 능력이나 기술이 부족하다. 혼자 노는 것을 좋아하지만 또래 친구에게 관심을 보이고 친구와 나란히 앉아서 병행놀이를 하는 경향이 있다.

어른의 역할에 관심이 많을 때이어서 엄마, 아빠의 의상을 입고 역할을 모방하

며 즐거워하고 상상력과 모방력이 풍부하여 일상생활에 관련된 역할놀이를 많이 하게 된다. 그리고 3세 유아는 주의집중력이 짧아 놀이 지속시간이 길지 않으며 혼자놀이 또는 병행놀이, 단순한 놀이를 즐기면서 탐색활동을 한다.

2) 만 4세

만 4세 유아는 신체운동 기술이 만 3세 때보다 발달하여 한 발로 서서 균형도 잡을 수 있으며 종합놀이 기구에서 자유롭게 놀이기구를 탈 수 있고, 근육발달이 잘 되어 있는 시기이다. 만 4세는 소근육이 발달되어서 눈과 손의 협응이 잘 되어 섬세한 작업도 할 수 있고, 퍼즐이나 작은 조각들을 조립하여 형태를 구성하거나 조각그림을 맞추는 조각놀이를 즐기는 특징이 있다. 또한 놀이를 시작하기 전에 계획을 세우고 하지만 실제로 놀이하는 과정에 계획대로 놀이를 하지 않는 경우도 있다. 지적 자극에 민감하게 반응하는 시기이므로 학습에 연관되는 놀이, 분류놀이, 수놀이, 언어놀이에 흥미가 많아진다. 4세경에는 유아들이 인지능력과 언어능력 발달이 조화를 이루어 놀이가 확장되고 지적 자극에 대하여 민감하게 반응하는 시기이다. 만 4세 유아는 사회성이 발달하여 친구를 좋아하고 다른 친구의 생각이나 요구를 이해하고 규칙도 알게 되고 역할도 분담하고 친구와 상호작용을 하는 연합놀이를 하게 된다.

만 4세 유아의 놀이 특징을 구체적으로 살펴보면 다음과 같다.

첫째, 4세경은 탐색적이고 모험적인 놀이를 즐기는 시기이다. 대근육활동이 더욱 활발해지고 자신감이 넘치는 시기이다. 이 시기의 신체발달을 위한 놀이시설로는 고정적인 놀이보다는 넓이와 모양이 다양한 나무판, 사다리 모양의 받침대, 계단, 삼각형 모양의 기어오름대 등 그들의 놀이에 따라 변형시킬 수 있는 것이 좋다.

둘째, 이 시기는 상상놀이나 극적놀이가 질적인 면에서나 양적인 면에서 크게 확대되는데 주로 가족놀이를 즐기고 주사바늘 모양만 가지면 병원놀이가 가능하고 수화기 모양의 놀잇감만 있으면 전화놀이를 하는 등 극놀이를 즐긴다. 따라서 이 시기 유아들은 놀잇감을 많이 필요로 하지 않지만 상상놀이를 위해 제공하는

자료는 실제 물건과 큰 차이가 나서는 안 된다.

셋째, 이 시기는 작품을 만들어 내는 창작적인 놀이를 즐겨하는데 무엇인가를 의미하는 물건을 만들어 낸다. 그러므로 창의적인 생각을 풍부하게 만들어 가기 위해서는 다양한 놀잇감이 선택될 수 있도록 준비되어야 할 것이다.

넷째, 손의 섬세한 근육이 발달되고, 눈과 손의 협응력, 균형 감각 및 미적 감각 등이 발달됨에 따라 작은 조각들을 조립하여 정해진 형태를 만드는 조작적인 놀이를 하게 된다.

다섯째, 실제의 악기를 다루기 익숙한 곡을 따라 부를 수 있게 되는 시기이므로 음악을 듣고 다양한 방법으로 표현해 보는 놀이 등을 할 수 있다.

여섯째, 식물이나 자연현상의 변화에 관심을 보이기 시작하며, 계절과 날씨의 변화, 동식물의 변화 등을 관찰한다. 또한 자석을 가지고 놀거나 돋보기를 가지고 사물 관찰하기, 식물 기르기, 동물 키우기, 여러 가지 실험 등에 관심을 가지고 참여하게 된다.

일곱째, 놀이가 확장되고 다양해지면서 친구와 함께 노는 연합놀이가 나타난다. 따라서 집단구성놀이를 통해 집단의식과 놀이의 지속 시간을 늘려 나갈 수 있다.

여덟째, 자기 주장을 말하며 놀이의 규칙을 이해할 수 있다. 단순하고 구체적인 놀이를 통하여 분류하고 범주화하려는 놀이를 즐기면서 완벽한 언어표현이 안 되어 행동을 수반하는 놀이활동이 많이 나타난다.

이와 같이 4세에는 단순하고 구체적인 놀이에서 점차적으로 복잡해지면서 다양한 놀이가 시도되며 친구와 어울려 놀이하는 연합놀이 형태가 나타난다.

3) 만 5세

5세 시기의 유아는 주변세계에 대한 호기심이 많아서 탐색할 수 있는 도구, 돋보기, 망원경, 현미경, 저울, 온도계, 관찰하고 비교하며 실험하는 놀이를 즐긴다. 책을 보는 것을 좋아하며 책 속의 주인공이 되는 것을 상상하기도 하며 흉내도 낸다. 그리고 책 속에 궁금한 것이 있으면 끊임없이 질문을 한다. 때로는 동화를 보고 이야기를 꾸며서 하거나 자기 자신이 동화나 동요를 지어서 주변 사람들에게 들려주기도 한다. 만 5세가 되면 지적인 능력이 발달하여 바둑, 운동게임, 카드놀이, 컴퓨터 게임 등과 같이 규칙이 있는 게임을 즐기게 된다.

5세경에는 다양하고 복잡한 놀이를 선택하게 되고 집단 내에서 놀이 규칙을 지키며 친구들과 협동하는 놀이를 한다. 또래와의 상호작용이 증가하면서 놀이의 지속시간과 주의집중력이 길어지는 시기이다.

만 5세 유아의 놀이 특징을 구체적으로 살펴보면 다음과 같다.

첫째, 자신의 신체를 이용하여 기교를 부리고 싶어하며 기술을 요하는 운동, 게임, 여러 가지 운동경기도 즐긴다. 따라서 활발한 신체적 놀이가 안전하게 이루어질 수 있도록 도와야 한다.

둘째, 극적놀이가 발달되며 그 규모나 세부계획이 치밀하게 짜여 있음을 볼 수 있다. 따라서 많은 소도구가 필요하게 되며 역할도 다양해질 수 있다. 인형에게도 역할을 부여하여 놀이에 참가시킨다.

셋째, 인지능력 발달로 문제해결을 하는 과정에서 원인과 결과를 관련지어 생각할 수 있다. 문제해결을 위하여 결과의 원인을 찾아보려는 노력도 하게 된다. 예측하고 관찰, 실험해 보는 활동을 즐긴다.

넷째, 블록놀이는 거의 실제와 구분되지 않도록 잘 고안된 놀이를 한다. 따라서 일정한 조작에 의해 움직임을 조정할 수 있는 놀잇감을 즐긴다. 특히, 세련된 기술을 요하는 조작놀이, 가위질, 기하모형 맞추기, 종이접기 등을 좋아한다.

다섯째, 창작적 놀이를 할 때도 여러 가지 자료로 무엇을 만들 것인가를 미리 계획하여 만들 수 있다. 특히 다양한 물건을 수집하도록 하여 놀이대상을 삼기도 한다. 작품을 만드는 과정을 통해 소근육 훈련을 하고 집중력을 기르며 부정적인 정서를 표현하는 올바른 방법을 배울 수 있다.

여섯째, 만 5세경에는 사물을 세밀하게 관찰하고 구체적인 실험을 하기도 하며, 사육 및 재배과정을 통해 관찰력 및 탐구력을 기르고, 자연의 원리와 변화에 대한 적극적인 탐색활동과 언어적 질문을 반복하는 등 자발적인 놀이활동을 통해 과학적 기본개념을 이해하게 된다.

일곱째, 언어발달로 동화 듣기를 즐기며, 많은 질문을 하고 이야기 꾸미기도

한다. 또한 음악도 즐기고 노래에 맞추어 여러 가지 동작을 할 수 있으며 소리를 변별하고, 음을 내보는 놀이도 한다.

이상에서와 같이 연령별 놀이의 특징을 종합해 보면, 연령이 증가할수록 신체운동 놀이는 세련되어지고 단순한 놀이에서 복잡하고 점차적으로 다양한 놀잇감을 이용하게 되면서 창의적이고 구체적이며 탐색적인 놀이를 즐긴다. 또한 혼자놀이에서 연합놀이, 협동놀이 순으로 발달되는 것을 알 수 있다.

2. 유아 발달영역과 놀이

유아들의 생활의 일부인 놀이는 유아의 신체, 언어, 인지, 정서, 사회성 등의 모든 발달영역과 밀접한 관련을 가진다. 여기에서는 놀이와 유아의 발달영역과의 관련성을 살펴보고자 한다.

1) 신체발달과 놀이

놀이는 유아의 자연적인 활동으로 신체적인 즐거움을 준다. 유아는 신체적 놀이 활동에 자발적으로 참여함으로써 대 · 소근육 발달을 가져올 뿐만 아니라 신체적 협응력을 가진다. 역으로 건강한 신체를 가진 유아라도 놀이에서 실패를 경험하게 되어 자신감이 없어질 수도 있다.

Papalia & Olds(1975)에 의하면 유아들은 놀이를 통해 근육 사용법을 배우며, 그들이 본 것과 행하는 것을 조정하는 법을 개발하며, 그들의 신체에 대한 통어감(sense of mastery)을 개발한다고 하였다. 반면 Carlson과 Ginglend(1961)의 지진아들에 관한 연구에서 보면 그들의 행동이 미숙한 이유는 성인들이 신체적인 안전에 지나친 관심을 기울임으로 원하는 행동을 하지 못하게 간섭을 받기 때문에 근육이 더 약화되어 운동능력의 협응력 발달이 이루어지지 못한다고 하였다.

유아놀이는 유아의 신체성장을 촉진시켜 주며(양적 성장 및 생리기능 발달), 바른 자세를 형성하도록 할 뿐 아니라, 기본운동 능력(대 · 소근육운동, 협응력)을 발달시키고, 신체발달은 심리적 발달과 밀접한 관계를 맺고 있으므로 놀이를 통해 균형 있는 발달을 도모할 수 있다.

(1) 대근육 발달

유아놀이는 실외영역은 대근육 운동발달(팔, 다리, 몸통과 같은 대근육 발달)을 돕는다. 따라서 유아들은 모든 근육의 적절한 연습을 위해 다양한 자극을 주는 놀이시설을 필요로 한다. 즉, 유아들이 다양한 자세를 취해 볼 수 있도록 해 주고, 근육을 쓰고, 창의력을 발휘해 볼 수 있는 놀이환경이 중요하다. 예를 들어, 기어오르기, 기어가기, 균형잡기, 매달리기, 들어올리기, 잡아당기기, 밀기, 던지기, 잡기 등을 할 수 있는 기회도 제공되어야 한다.

유아들의 대근육 발달을 위해서는 단계별로 기능의 반복적인 기회가 주어져야 하고 관찰, 탐색활동을 하는 과정에서 새로운 아이디어를 가지고 창의적으로 놀이할 수 있도록 해야 한다.

(2) 소근육 발달

유아들은 작은 인형들이나 퍼즐 조각 또한 함께 끼워 맞출 수 있는 조작적인 작은 물체, 점토 등을 가지고 하는 활동을 즐겨한다.

감각적 탐구 탐색활동은 유아들에게서 폭넓게 나타나며 생각을 공유하게 된다. 감각적인 탐구는 진흙탕에서나 갈은 감자와 아이스크림이 있는 저녁 식탁에서도 일어날 수 있다. 핑거페인팅, 물놀이, 모래놀이 등을 통해 감각적인 탐구 활동을 한다.

2) 언어발달과 놀이

유아는 언어발달의 가장 초기 단계에 있기 때문에 언어를 완벽하게 발달시키기 위해서 언어를 사용하는 많은 놀이를 해야 한다.

Seefeldt(1974)에 의하면 놀이는 언어발달을 촉진한다. 놀이하는 유아(playing child)는 말하는 유아(verbal child)이다. 유아들은 놀이하는 동안 종종 그들 자신에게나 다른 유아들에게 말을 건다. 그들은 그들이 가지고 노는 대상들에 대해 명명하면서 경험과 관련된 용어들을 사용한다. 이와 같은 식으로, 용어는 경험을 정리하도록 도와 준다. 유아들이 성장하게 됨에 따라 다른 유아들과의 의사소통은 필수적이 된다. 다른 유아들과 함께 놀면서 유아들은 그들의 의사를 전달하는 방법, 다른 유아들의 협조를 얻는 방법, 다른 유아들의 의사에 반응하는 방법 등을 발견한다. 다른 아이들과 어울려 놀 수 있기 위해 말을 해야 하는 압력을 받고 있는 유아들은 재빨리 그들에게 필요한 언어를 습득한다는 것이다. Weininger(1979)도 놀이는 언어발달에 있어 매우 가치 있는 경험이 된다. 놀이를 하는 동안 유아는 그가 하고 있는 것을 언어로 나타내기 위해 말을 하기 때문에 놀이활동은 언어표현을 하기 위한 자극으로 작용한다. 그렇게 하여 그들의 어휘와 개념들은 일상생활 언어로 구체화한다. 따라서 놀이를 통해 유아들은 지식, 기능, 어휘 등을 증가시켜 나가면서 탐구를 하고 문제해결력을 키워 간다.

놀이는 언어발달의 수단이 되며 언어는 놀이진행에 필수적인 매체의 역할을 한다. 유아들의 언어능력이 성숙됨에 따라 놀이가 복잡해지고 조직화되듯이 유아들은 놀이를 통해 끊임없이 모방하고 시행착오를 겪으면서 언어능력을 습득하고 훈련한다.

3) 인지발달과 놀이

지능이란 타고난 학습능력을 이르는 것으로 감각기능, 언어발달, 개념발달, 눈과 손의 협응력, 추리력, 창의력, 문제해결력 등을 포함하고 있는 개념이라 말할

수 있다. 반면, 인지란 학습하고, 지각하고 지식을 습득하는 행위로 인지의 내용을 살펴보면 다음과 같다.

① 지각 : 외부 세계 및 내부 세계에서 나온 정보의 인지, 구체화 및 해석
② 기억 : 지각된 정보의 저장 및 인출
③ 추리 : 추론하고 결론을 끌어내기 위한 지식의 사용
④ 통찰 : 지식의 둘 또는 그 이상의 연합과 새로운 관계에 대한 인지
⑤ 반성 : 개념의 질과 해결에 대한 평가

지능은 IQ(Intelligence Quotient : 지능지수)검사로서 1905년 비네에 의해 개발되고, 1916년에 스탠포드 대학의 터먼 박사가 수정한 것이 스탠포드-비네 검사가 되었다. 비네는 지능을 잘 판단하고 이해하고 추리하는 것을 본질로 하는 활동이며, 기타 환경에의 적응능력, 자기 판단의 힘과 같은 기본적 능력이라고 정의했으며, 터먼은 추상적 사고를 할 수 있고, 모든 문제해결에 추상적 상징을 사용할 수 있는 능력이라고 지능을 정의하고 있다.

놀이는 유아의 총체적 발달(total development)을 조장하며, 유아의 사고를 확장시켜서, 인지적 성장 · 발달과 밀접한 관련이 있다. Smilansky도 놀이는 유아들 자신의 경험을 구체화하는 가장 좋은 방법으로써 놀이가 유아들의 새로운 인지개념과 전략을 행사하는 것을 도와주는 탁월한 수단이 된다고 하였다.

Piaget(1962)는 아동의 놀이와 지적 성장을 밀접히 연관시켰다. 그는 놀이가 유아로 하여금 그가 알고 있는 모든 것들을 실천해 보고 강화시키는 수단들을 제공한다고 보며, 놀이는 유아로 하여금 현실에 대한 개념(concepts of reality)을 의식하게 하며, 그것들을 사고하게 하며 현실에 맞추어 나가도록 수정하게끔 해 준다는 것이다. 이처럼 놀이는 유아로 하여금 어떻게 학습하는가 하는 학습 패턴(pattern of learning)을 확립케 해 주기 때문에 인지구조 개발에 필수적인 것이다. Sutton-Smith는 유아가 놀이를 하면서 다각적인 탐색을 하며, 이로 인해 광범위한 기술과 반응 레퍼토리를 습득하게 될 뿐 아니라 융통성 있는 사고를 하게 되고 그 결과로 창의성이 증진된다고 하였다.

유아는 놀이를 통해서 다음과 같은 지적 발달을 가져올 수 있다(임희옥, 1992, 재인용).

(1) 유아의 놀이 방법이 본래 탐색적이고 조작적인 요소를 갖고 있어서 주변사물에 대해 지각하는 데 도움을 준다.

돌이 갓 지난 아기는 블록이 담긴 상자를 쓰러뜨려 쏟아버리고 손으로 흐트려 보거나 한 개씩 들고 주물럭거리다가 입에 넣어 보기도 한다. 아기는 먹어서 안 되거나 쏟으면 안 된다는 환경의 반응을 통해서도 배우지만, 쏟을 때는 시끄러운 소리가 나고 흐트리면 모양이 변화하고 입에 넣으면 딱딱하고 아프다는 것을 지각한다. 그러나 세 살배기는 그것이 세우면 높아지고 길게 놓으면 기찻길 같고 총이나 의자 모양으로도 만들 수 있다는 것을 알게 된다.

(2) 놀이는 목적과 수단의 관계를 알게 하여 문제해결 능력을 길러 준다.

퍼즐조각이 제 위치에 맞으려면 손을 좌우로 움직여 보기도 해야 하며 자전거를 타려면 좌우 페달을 균형 있게 움직여야 한다. 생후 18~24개월이 되면 유아들도 사건의 전후 관계를 추리하는 행동을 보인다고 한다. 따라서 퍼즐을 맞추면서 손을 움직이는 수단이 조각을 끼우는 목적의 관계를 이해한다는 것이다.

(3) 놀이는 상상력을 자극하여 창의적 표현과 구성을 돕는다.

유아 스스로 탐색하는 놀이는 과거의 경험과 상상력이 합쳐져서 구성되며 놀이에 가시화되어진다. 소꿉놀이나 적목놀이에서 유아가 상상하는 세계가 표현되도록 놀이방법을 훈련시키는 일은 없어져야 할 것이다.

(4) 놀이는 개념형성을 돕는다.

20개월 전후의 유아는 주변을 탐색하며 만지고 보던 것을 표상하는 행동을 보인다.

유아의 인지가 발달함에 따라 사물이나 개념에 대한 상징을 이해하게 되고 따라서 놀이모습이 바뀌게 된다.

즉, 2세경의 유아는 컵이 물 마시는 데 이용되는 그릇이라는 개념이 이해되면 컵 속에 물이 없어도 물 마시는 시늉을 할 줄 알게 된다. 그러나 컵이 없으면 시늉을 할 수가 없다. 컵과 물 마시는 상황 모두가 심상에 그려진 것이다. 이러한 개념 형성이 실제 활동, 즉 놀이라는 구체적 경험을 통해야만 가능한 것이다.

이와 같이 놀이를 통해 유아는 끊임없는 흥미, 탐색, 호기심, 실험, 관찰활동이 유발되며 자연스런 상황에서 학습능력이 형성되며, 학업성취에까지 중요한 영향을 미치게 된다.

4) 정서발달과 놀이

놀이는 자기의 감정을 나타내고 다른 사람들의 감정을 공유함으로써 정서발달을 돕는다(Erikson, 1950).

유아는 언어사용 능력이 제한되어 있으므로 놀이를 통하여 자신의 감정과 생각을 나타낸다. 이 때 부정적인 정서가 사회적으로 인정할 수 있는 방법으로 표출되므로 정서적 긴장을 해소하며, 정신건강에 도움을 줄 수 있다. 즉, 놀이상황에서 유아는 그들의 놀이행동을 통해 자신이 가진 공포, 갈등, 감정, 불안, 공격성, 적대감 등을 투사(projection)하게 되는데, 이러한 투사과정은 단순한 표현의 수준을 넘어서서 자신이 지닌 정서적 문제를 해소시키는 감정 정화의 기능을 하게 된다는 것이다. Millar도 안전한 분위기에서의 놀이를 통해 정서를 표출함으로써 불안을 감소시키게 되고 정상적인 사회적 요구에 쉽게 적응할 수 있게 된다고 하였다.

놀이를 통해 여러 다양한 상황과 대상에 따라 세련된 방식으로 정서를 표현하는 가운데 정서적 안정(emotional relation)을 찾고 동시에 통제하는 방법을 배울 수 있으며, 놀이 중에 나타나는 다른 친구들의 정서 표현 방식을 관찰하면서 타인의 정서에 대한 감정이입의 경험도 갖게 한다. 그러므로 유아의 놀이는 건전한 정서생활을 유지하면서 다른 사람과의 원만한 인간관계를 형성하도록 도와주는 구체적인 수단이 된다.

5) 사회성 발달과 놀이

사회성이란 친구와 인간관계를 맺는 능력을 말한다. 사회성이 잘 발달되어 있다면 첫째, 자주성, 자율성, 책임감이 있어야 하고 둘째, 남에게 피해를 주지 않아야 하며 셋째, 협동으로 문제를 해결하고 넷째, 일상생활과 주변 환경에 관심을 가져야 한다. 그리고 유아는 친구와 함께 놀이를 함으로써 사회적 관계를 맺게 되고 그 속에서 갈등이 발생될 때 갈등을 해결하는 방법을 배우며 생각을 공유하게 된다. 친구들과 어울려 놀다가 놀잇감을 뺏거나 빼앗기기도 하며, 서로의 감정을 이해하고 자기 자신을 조절하는 방법을 스스로 알게 된다. 양보하기, 나누어 갖기, 차례지키기, 약속지키기 등의 친사회적 행동을 습득하게 된다.

유아는 다른 유아와 놀이를 함으로써 친구와의 사회적 관계를 형성하게 되며 또 그 관계가 형성하게 될 문제점들에 대치하고 해결하는 방안을 배우게 될 뿐만 아니라, 협동적인 게임을 통하여 친구와의 인간관계도 학습하게 된다.

Ruth(1951)는 유아의 놀이 생활만큼 그들의 사회적 성숙과 사람됨의 방향을 명확하게 밝혀 주는 것이 없다고 하였다. 한편 Hurlock(1978)은 놀이가 유아의 인성 및 사회적 적응에 많은 도움을 준다고 보았으며, Isaac(1933)은 "놀이가 유아의 정서적 균형을 잡아줄 뿐 아니라 원시적인 환상을 점차적으로 질서 있는 현실세계와 연결할 수 있게끔 해 준다."고 하면서 놀이의 사회적 발달 촉진성을 역설하였다.

항상 어른하고만 놀고 친구와 놀지 않는 유아는 오랫동안 자기중심적인 경향에서 빠져 나오지 못하고 매우 이기적인 유아가 되고 만다. 친구끼리 서로 물건을 나누기도 하고 양보를 해가면서 놀이하는 동안에 협력하는 마음도 길러진다.

심리학자들이 말하기를 유아기에서 놀이에 대한 흥미를 가져 보지 못한 사람은 성인이 된 후에도 개인생활이나 사회생활에 있어서 장애를 느낀다고 한다(황응연, 1963). 이렇게 볼 때 유아기에 있어서 놀이의 사회적 역할은 매우 중요하다.

유아는 놀이를 하면서 사회적 존재로 성장하게 되며 놀이세계에서 풍부한 사회경험을 할 수 있다. 유아들의 놀이집단은 올바른 태도의 형성 및 도덕성 훈련에 큰 몫을 차지하게 된다.

Parten(1696)과 Barnes(1971)의 연구에 의하면 오늘날 유아들의 놀이에서 사회성이 많이 감소되었다고 한다. 그 이유에 대하여 Barnes는 다음의 세 가지를 원인으로 들었는데, 첫째, 현대 유아들은 TV 시청, 학원, 학습지, 가정 내 과외 등에 많은 시간을 소비하기 때문에 다른 유아들과 노는 시간이 줄어들었다.

둘째, 현대의 장난감들은 과거의 단순한 장난감들에 비해 훨씬 정교하기 때문에 유아로 하여금 혼자놀이(solitary play)를 하도록 조장한다.

셋째, 현대 유아들은 과거보다 더욱더 소규모화된 핵가족 속에서 성장하기 때문에 형제 자매들과 더불어 놀 기회가 점차 감소되었다는 것이다.

이처럼 오늘날의 유아들이 과거의 유아들보다 사회적 기능이 약화되었다면 교육기관에서 의도적으로 사회성 발달을 위한 놀이중심의 교육이 이루어져 유아들이 전인적인 성장을 꾀할 수 있도록 부모나 교사들은 다양한 방법을 연구해야 할 것이다.

이상과 같이 놀이와 유아의 발달을 정리 종합해 보면, 놀이는 탐구력, 사고력, 판단력, 상상력, 창조력, 문제해결력, 지각경험, 호기심, 주의집중력, 지식의 구성, 언어발달, 학습능력 습득 등과 같은 지적 발달, 협동적 · 우호적 태도와 관용심, 원만한 대인관계, 질서의식, 의사소통력, 집단의식 형성, 성역할 인지 등과 같은 사회적 발달, 대근육 및 소근육의 발달, 눈과 손의 협응력, 지구력, 인내력, 신체의 균형 등과 같은 신체적 발달, 갈등의 해소, 자기 치유적인 효과 등과 같은 정서적 발달을 가져오는 등 전인적 발달을 위한 유용한 교수방법임을 알 수 있다.

제 5 장

놀이에 영향을 미치는 요인

1. 개인적 요인
2. 환경적 요인

유아에게 있어서 생활 그 자체인 놀이는 유아의 연령, 성별, 지적 능력 등과 같은 개인적 특성 및 부모변인, 놀잇감과 놀이공간, 교육프로그램 등을 포함한 사회 · 문화적 환경에 따라 영향을 받는다.

이 장에서는 유아의 놀이에 영향을 미치는 요인을 크게 개인적 요인과 환경적 요인으로 나누어 살펴보고자 한다.

1. 개인적 요인

1) 연 령

유아는 정신과 신체가 성장함에 따라서 점차적으로 발전된 놀이를 한다. 연령이 많아짐에 따라서 또래 친구들과 함께 참여하는 사회적 놀이의 횟수가 증가하며 놀이 시간도 길어진다. 뿐만 아니라 복잡한 규칙이나 고도의 기술이 필요한 놀이를 많이 한다.

대체로 출생에서 3세까지는 감각적이고 운동적인 탐색놀이를 즐기며 단순한 놀이를 즐기고 놀이 지속시간이 매우 짧다.

3세에서 6세까지는 놀이 자체가 목적인 놀이형태가 나타나며 상상놀이를 즐기며 차츰 놀이 형태가 다양해진다. 어울려 놀이하는 과정에서 조직적이고 협력하고 규칙을 지키는 사회적 놀이 형태가 나타난다.

6세에서 12세까지는 놀이의 종류가 다양해지며, 경쟁적인 특성이 있으며 놀이가 조직적으로 구성되는 경향이 보인다.

따라서 유아의 놀이 발달을 효과적으로 하기 위해서는 유아의 연령에 따른 유아 놀이의 특징과 흥미도를 이해하여 유아 개인차를 고려한 적당한 놀이환경을 준비해 주어야 한다.

2) 성(性)

유아가 선택해서 노는 놀이유형이나 내용, 선호하는 놀잇감, 또래 선택이나 친구들 간의 상호작용이 성별에 따라서 다소 차이를 보이는 것으로 나타났다. 그리고 남아들은 여아에 비해서 비교적 활동적이고 신체적으로 움직임이 활발한 놀이에 참여하는 편이며, 극화놀이, 카드놀이, 혼자 기능놀이, 연합 극화놀이에 더 흥미를 보인다. 반면, 여아들은 구성놀이, 혼자서 하는 소꿉놀이, 구성놀이나 병행 구성놀이에 더 많이 참여한다. 남녀 성별에 따른 놀이행동의 차이는 놀잇감을 선택해서 사용하는 방법과 놀이의 형태에서도 차이가 있음을 알 수 있다.

한편, 성별에 따른 놀이유형이나 내용, 놀잇감의 선택, 또래 친구와 상호작용이 남녀의 성별에 따라 차이를 보일 수도 있지만 그렇지 않을 수도 있다고 한다.

따라서 유아의 성별에 따른 놀잇감보다는 창의적인 놀잇감 및 환경을 제공하여 유아 스스로 놀잇감을 선택할 수 있도록 하는 것이 좋다.

3) 지 능

놀이와 인지발달은 놀이하는 과정 속에서 보면 창의성과 관계가 깊다. 창의적인 인지양식은 일상생활 속에서 문제해결의 한 측면으로 받아들여지고 있다.

창의적인 인지양식은 놀이하는 과정에서 독립적이며 해결을 추구함에 있어서 주변환경을 조작하고자 하는 강한 욕구를 가지고 있다. 창의적인 사람은 아이디어와 가설을 가지고 놀이에 참여한다. 생활주변을 탐색하면서 욕구가 강하게 나타나고 문제해결에 있어서 놀이에 근거를 둔다. 놀이는 감각운동적 지능과 조작적 사고의 교량역할을 하고 있다. 놀이를 통해서 유아는 주변의 것에 대한 이해도를 높이게 되고 자신의 인지적 욕구가 생활주변의 것을 학습하게 한다. 이 때 인지적 놀이는 자신의 기존의 것에다가 새로운 것을 받아들이는 수준으로 대처하고자 했을 때 지적인 사고가 형성된다.

4) 건 강

건강은 놀이발달에 중요한 영향을 미치는 요인이다. 건강한 유아가 약한 유아보다 매우 활발한 놀이활동을 한다. 몸이 약한 유아는 놀잇감이 있어도 즐겁게 놀이활동을 하지 않으며, 놀이하는 시간이 짧고, 놀이에 대한 흥미도나 창의적인 면에서도 뒤떨어진다. Spencer가 놀이는 잉여 에너지의 표현이라고 했듯이 건강한 유아들은 누구나 놀이를 즐긴다. 따라서 놀이지도 시 건강상태를 점검하며 유아의 건강증진을 위한 놀이활동도 함께 제공되어야 효과적일 것이다.

5) 사회성

유아는 자신과의 혼자놀이에서 출발해 매체를 통한 놀이를 할 수 있게 된다. 다음 단계에서는 한두 명의 성인이나 한두 명의 또래와 함께 놀이를 하게 된다. 놀이에 대한 참여는 발달단계와 연령, 생활환경에서 얻은 구체적 경험이나 부모변인, 사회적 계층구조에 따라 달라지게 된다.

사회적 참여 수준에 따라 놀이의 형태는 혼자놀이에서 방관자적 놀이로, 다시 나란히 앉아서 하는 병행놀이로 그리고 좀더 적극적인 자세를 수반하는 연합놀이로 발전하게 된다. 놀이 과정에서 유아는 토의와 대화를 통해 협동놀이를 할 수 있게 된다.

사회성 발달이 원활하게 이루어지기 위해서는 주어진 환경에서의 자극을 수용하고 적절히 배려해야 한다. 사회성 발달이 잘된 유아는 장난감(놀잇감)이 부족할 경우 놀잇감을 서로 나누어 공유함으로 놀이를 잘 수행하게 된다. 반면에 사회적 상호작용 기술이 부족한 유아는 놀이하는 상대방과 장난감을 두고 다투는 등 갈등 양상을 보이게 된다.

2. 환경적 요인

1) 가정환경

환경적 요인에서 유아의 놀이 행동을 살펴보면 가정의 사회적, 경제적 수준이나 문화적 배경과 놀이 행동에는 밀접한 관련이 있음을 알 수 있다. 또한 거주지가 농어촌에 위치하는지, 도시의 고급주택가나 빈민가에 위치하는지, 혹은 부모의 학력이 어느 정도인지에 따라서 놀이의 형태에도 차이가 나타난다. 가령 산이나 바다, 개울가나 들판에 거주하는 유아의 놀이 양상은 주위의 자연물을 적절히 이용하면서 다양하게 나타나게 된다.

가정환경 중 가장 중요한 요인은 유아와 가장 친숙하다고 할 수 있는 부모이다. 부모의 양육태도가 어떠하며, 부모가 놀이를 얼마나 중요하게 생각하는지 등은 유아의 놀이에 영향을 미치는 요인이 되며, 부모의 사회적 · 경제적 지위는 유아의 놀잇감과 종류와 형태, 놀이에 참여하는 시간 등에 영향을 미치게 된다. 그 외 부모의 직업, 부모의 이혼여부 등도 유아의 놀이에 영향을 미치는 요인으로 작용한다.

Isenberg와 Jakobs는 유아의 놀이를 발달시키기 위한 부모의 역할을 다음과 같이 제시한다.

① 놀이에 대해 관심을 가지고 지켜봄으로써 유아에게 적절한 놀이환경을 만들어 주어야 한다.

② 놀이에 대해 모범이 되어야 한다.

③ 부모는 자녀와 함께 놀이를 하되 자녀의 발달수준에 맞는 놀이가 진행될 수 있도록 해야 한다.

④ 놀이영역을 확대시키기 위해 새로운 방법을 제시해 주고 유아가 결정하도록 한다.

⑤ 놀이를 격려하고 칭찬해 주어야 한다.

⑥ 놀이에 대한 계획을 세운다. 놀이장소, 기회, 다양한 경험이 제공될 수 있도록 한다.

2) 놀잇감

유아에게 제공되는 놀잇감의 종류와 놀잇감의 질과 양 그리고 놀잇감이 지니고 있는 여러 가지 특성들은 유아들의 놀이에 영향을 미친다.

놀잇감이 가지고 있는 여러 가지 물리적 특성과 놀잇감 속에 내재되어 있는 신기성, 복잡성, 작동성, 반응성에 따라서도 놀이는 영향을 받게 된다. 유아들이 쉽게 다룰 수 있는 놀잇감은 장난감을 조작하는 놀이형태가 이루어질 것이고 유아들이 조작하기에 너무 큰 놀잇감이라면 놀잇감을 있는 그대로 두고 놀잇감을 이용하는 놀이가 이루어질 것이다(㉠ : 산비탈에서 미끄럼 타기 놀이).

이러한 놀잇감의 여러 가지 특성을 유아놀이에 대단히 큰 영향을 미친다. 놀이에 영향을 주는 놀잇감이 가지고 있는 요인들을 보다 구체적으로 제시하면 다음과 같다.

① 놀잇감의 물리적 특성(모양, 색, 가소성, 재질감 등)

② 놀잇감의 크기

③ 놀잇감의 수

④ 놀잇감의 취득 용이성

⑤ 놀잇감의 동작(작동, 조작)성

⑥ 놀잇감의 복잡(구조)성

⑦ 놀잇감의 출처(자연물, 인공물 등) 및 사실성(실물인가? 모형인가?)

⑧ 놀잇감의 경제적 가치성

특히, 놀잇감의 종류, 수량, 구조화 정도 및 활용도는 유아의 놀이형태나 놀이행동 및 사회성, 문제해결력, 상상력 등에 영향을 미친다. 그러므로 유아들의 놀잇감에 대한 효율적인 연구와 놀이자료의 적용이 이루어져야 한다. 유아들은 놀잇감을

스스로 적절히 선택하여 보다 폭넓은 경험을 하게 되며, 흥미유발 및 창의적 사고를 발달시키는데 적극 이용하게 된다. 따라서 좋은 놀잇감은 안전성, 내구성, 적합성, 경제성들의 기능적 조건과 유아의 지적, 신체적, 사회적, 정서적 성장을 촉진시키는 교육적 조건을 겸비해야 한다.

이와 관련하여 Hurlock은 유아들의 놀잇감으로 부적절한 요소로 위험성, 어른의 취향, 다양성이 없는 놀잇감, 생활연령에 따른 선택, 너무 복잡하거나 단조로운 놀잇감, 깨어지기 쉬운 놀잇감 등을 지적하였다.

놀잇감을 제작하거나 구입할 때 바람직한 기준은 다음과 같다.

① 유아의 발달 수준에 적합한 것

② 안전도가 높을 것

③ 견고하며 내구성이 있을 것

④ 유아의 독자적 조작(獨自的 操作), 또는 유아가 조작이 가능할 것

⑤ 상상력과 같은 정신 기능을 자극하는 것일 것

⑥ 어린이의 흥미와 개성에 맞을 것

⑦ 저렴하고 경제적일 것

그 외 유아에게 놀잇감이 될 수 있는 것은 유아 자신의 신체, 부모, 주변의 일상용품, 재활용품, 상품화된 놀잇감, 제작화된 놀잇감 등이 있다.

3) 놀이환경

놀이실의 물리적 공간 및 환경은 유아교육 프로그램에 따라서 공간의 배치나 영역이 다르게 구성된다. 다양한 놀잇감을 갖추고 놀이활동 영역을 구획, 경계 지은 공간 상황에서는 놀이활동이 활발히 이루어지고, 놀이 지속 시간이 길어지며, 다른 유아와 함께 노는 행동, 놀잇감을 정리하는 행동이 나타난다. 반면, 놀잇감이 부족하거나 놀이 공간이 부족하면 유아의 경험이 제한되게 된다. 또 놀잇감의 질이 부적절하거나 불량하면 놀잇감의 기능이 제대로 발휘될 수 없을 때에는 좌절이나 욕구 불만이 생겨 공격적 행동을 조장할 위험이 있다. 즉, 유아의 사회성, 독립성, 놀이 참여 정도 및 놀이 확대 수준은 실내외 놀이 공간이 구성되고 사용되

는 방법에 따라 길러지기도 하고 좌절되기도 한다.

구체적으로 유아의 수를 고정시키고 공간을 축소한다면 신체적 접촉이 증가되며 뛰는 행동이 감소된다. 사회적 밀도가 높아지면 공통된 주제의 놀이를 하는 경향이 높게 나타나며, 실외 놀이터의 고정시설보다 이동시설은 창의적인 놀이를 유발한다. 그러므로 유아교육기관에서는 놀이를 위한 적절한 공간을 제공할 수 있도록 실내 · 외의 놀이환경을 계획할 때 신중을 기해야 한다.

Prescott(1984)가 제시한 바람직한 놀이환경의 조건을 살펴보면, 다음과 같다.

① 개방성과 폐쇄성이 모두 포함되어야 한다. 쌓기놀이나 모래놀이와 같이 놀이 방법이 다양한 개방적 놀이와 퍼즐 맞추기처럼 놀이 방법이 고정된 폐쇄적 놀이가 있다.

② 단순성과 복합성이 있어야 한다. 놀이 환경에 제공된 놀이 시설물이나 놀잇감은 유아가 적극적으로 조작하고 변경시킬 수 있는 가능성의 정도에 따라 한 가지 용도로만 활용되는 단순설비, 두 가지 서로 다른 놀잇감이 제공된 복합설비, 세 가지 이상의 놀잇감이 활용되는 수퍼 설비 등 세 가지 종류로 분류될 수 있다.

③ 높은 활동성과 비활동성을 고루 갖추어야 한다. 놀이에는 달리기, 걷기, 뛰기, 말타기, 자전거타기와 같이 대근육을 많이 움직이는 놀이와 퍼즐맞추기, 구슬꿰기, 가위질하기와 같이 소근육만 움직이는 놀이가 있는데 놀이 환경 구성시 이런 점이 고루 갖춰질 수 있도록 배려한다.

④ 집단놀이와 단독놀이를 경험할 수 있어야 한다. 사회적 구성에 있어서 혼자서 노는 단독놀이와 여러 어린이가 함께 참여하는 집단놀이로 다 이루어지도록 준비한다.

⑤ 감각적으로 부드럽고 딱딱한 경험을 줄 수 있는 환경을 준비한다.

⑥ 간섭과 은둔의 경험을 고루 주도록 공개된 공간, 은밀한 공간이 준비되어 자기만의 놀이 세계에 몰입할 수 있는 공간을 만들어 준다.

⑦ 유아의 안전보장이 이루어져야 하지만 안전이 제한을 가해서 의욕을 상실케 해서는 안 된다. 유아의 놀이 환경은 안전을 위해 탐색 욕구가 억제될 수도 있다.

4) 교 사

유아의 놀이에 있어 교사의 역할은 상당히 중요하다. 교사는 어린이들이 놀이를 자유롭게 선택할 수 있도록 놀이를 확장시켜 주는 역할을 해야 한다. 실제로 Kinsman & Berk(1979)는 교사의 세심한 중재와 환경을 조정함으로써 유아들의 성 변별화된 놀이를 변화시킬 수 있고 놀이 패턴도 바꾸어 줄 수 있다고 한다. 교사의 적절한 준비와 개입전략은 궁극적으로 학습을 증진시키는 놀이에 유아들의 참여를 격려하고 확장시켜 준다. 교사는 유아들이 놀이하는 것을 관찰할 필요가 있으며, 그들 세계에 대한 유아들의 지각을 통찰할 수 있어야 하고, 유아들의 학습을 촉진시킬 수 있는 전략을 개발해야 한다. 교사는 다양한 방법으로 유아들의 놀이를 확장시킨다. 교사는 계속적으로 유아들의 독자성을 촉진시키고 개입을 최소화하도록 주의하면서 때로는 유아들의 놀이에 참여한다

Spidell(1986)은 4가지 상황에서의 교사 개입을 제안하고 있다.

첫째, 유아들이 자신이나 타인에게 해를 가하고 자료를 잘못 사용하거나 규칙을 위반했을 때,

둘째, 유아 혼자 고립되어져 있거나 사회적 위기에 있다고 판단되어질 때,

셋째, 유아가 교사 개입을 요구할 때,

넷째, 관찰을 한 후 교사가 놀이를 확장시키고자 할 때이다.

이 때 교사가 개입할 수 있는 전략은 교수, 시범, 대화, 유지(놀이를 지속시키기 위해서 무엇을 하는 것), 환경수정(놀이세팅을 바꿈), 참여, 재지시(다른 활동으로 전환시킴)와 같은 방법을 사용할 것을 제안하고 있다.

Shin(1989)은 교사의 개입에 칭찬과 명령하기를 첨가하였다. 교사들은 이러한 여러 가지 개입의 결과를 인식하고 그것을 적절하게 사용해야 함을 제안하고 있다. 놀이 개입에 대한 선호도는 교사의 교육적 철학 또는 그들의 개인적 교수형태에 의존한다. 여러 가지 개입전략이 교사들에 의해 실제 현장에서 사용되고 있으나 아직 유아들의 놀이에 대한 각 전략의 구체적인 연구결과는 부족하다.

"유아의 놀이형태와 수준에 따른 효과적인 교사의 놀이 개입 유형의 방향모색"이라는 연구에서 교사의 개입이 아동의 놀이형태와 놀이영역과는 특별한 관계가

있으나 아동의 성별과는 관계가 없다는 것을 제시하고 있다. 대부분의 교사의 개입 유형은 대화, 명령, 교수를 사용하였으며, 칭찬, 환경준비, 방향 재지시를 사용하는 빈도가 매우 적었고, 참여, 유지, 시범을 사용하는 빈도가 중간 정도의 빈도로 유아의 상호극화놀이, 혼자 및 병행구성놀이와 관련되어 사용된 것을 알 수 있었다.

Weininger(1979)도 교사의 역할을 다음과 같이 제시한다.

첫째, 유아들의 욕구(need)를 인식함과 동시에 다음 단계의 학습으로 나아갈 수 있게끔 해 줄 수 있는 놀이자료(play materials)들을 제공해 주어야 한다.

둘째, 교실은 활동적인 학습센터(active learning center)가 되어야 하므로 교사는 학급이 그러한 장소가 될 수 있도록 분위기를 조성하여야 한다.

셋째, 교사는 아동들의 놀이와 학습을 위한 촉매자(catalyst)로서 역할을 해야 한다. 왜냐하면 교실에서의 학습은 유아들의 놀이학습과 교사에 의해 창조되는 촉매적 분위기간의 상호작용 과정이기 때문이다.

이상의 연구를 종합하여 놀이지도 시의 교사의 역할을 요약하면 다음과 같다.

① 관찰자의 역할 : 놀이를 주의깊게 관찰하여 유아의 상황과 유아의 발달 정도를 알게 된다.

② 계획, 조직하는 역할 : 유아의 요구와 발달 수준에 맞는 실내 · 외 환경을 계획하고 변화있게 조성해 주고, 교육적인 놀잇감을 선정, 제작하여 적절한 시기에 알맞은 양을 제공하고 효율적으로 활동하는 방안들을 사전에 계획해야 한다.

③ 상호작용하는 역할 : 유아와 긴밀한 상호작용을 해야 한다. 격려, 인정해 주는 후원자의 역할뿐 아니라 놀이집단의 일원으로 참여하거나, 개별적인 상호작용을 통하여 놀이발달이 이루어지도록 해야 한다.

④ 감독자의 역할 : 놀이실의 모든 유아가 안전한 환경에서 편안한 마음으로 놀 수 있도록 배려해 주어야 한다.

⑤ 평가자의 역할 : 교사는 유아의 놀이를 감독하고 관찰한 결과를 체계적으로 평가해야 한다. 놀이는 학습의 원동력이 되기 때문에 평가내용을 토대로 놀이지도를 계획하고 실천해야 한다.

제 6 장

놀이지도

1. 자유선택 활동
2. 놀이환경 구성
3. 교재 · 교구
4. 교사의 역할

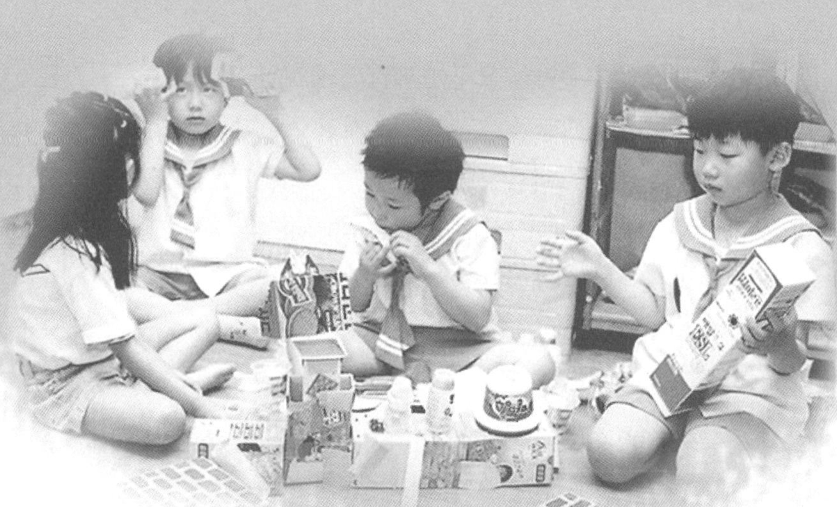

1. 자유선택 활동

자유선택 활동 시간이란, 유아가 개별적인 흥미, 욕구 및 발달 수준에 따라 스스로 선택한 놀이활동에 자유롭게 참여하는 시간을 의미한다. 이렇게 유아들이 스스로 활동을 선택하여 놀이형태로 진행시키는 시간이기 때문에 가장 효과적인 교육활동이라고 할 수 있다.

자유선택 활동 시간은 유아가 자율적으로 활동을 선택하여 즐거운 활동이 될 수 있도록 교사는 유아의 요구, 흥미, 교수-학습의 주제에 따라 교육환경을 제공해 주어야 한다. 자유선택 활동 시간을 어떻게 운영하는가에 따라서 유아교육이 효율적으로 될 수 있다.

1) 자유선택 활동의 의의

자유선택 활동의 교육적 의의를 살펴보면 다음과 같다.

① 유아의 개별적인 흥미와 요구에 따라 능동적인 학습이 이루어지는 시간이다.
② 교사와 유아의 긴밀한 상호작용으로 개인차에 따른 지도가 가능하며, 유아가 중심이 되는 개별 학습이다.
③ 하나의 개념을 다양한 영역 경험을 통해 반복, 통합할 수 있는 통합교육이 이루어지는 가장 효과적인 시간이다.
④ 유아와 유아, 유아와 교사와의 긴밀한 상호작용으로 생각을 공유할 수 있는 시간이다.
⑤ 유아들의 자유와 흥미가 존중되는 가장 기쁘고 즐거운 시간이 될 수 있다.
⑥ 유아 스스로 선택하고 결정하는 경험을 해 볼 수 있는 시간이다.

⑦ 유아의 능력 및 발달 수준에 맞는 학습이 이루어질 수 있는 시간이다.

⑧ 유아교육기관의 다양한 교육활동 중 놀이 특성을 가장 많이 담고 있는 활동 시간이다.

이와 같이 자유선택 활동은 유아의 통합적 발달과 다양하고 구체적인 경험을 제공하여 학습의 최대 효과를 얻을 수 있다.

2) 자유선택 활동의 운영

자유선택 활동 시간은 유아교육기관의 하루 일과 중 가장 중요한 시간이므로 자유선택 활동 시간의 교육적 의의가 실현되기 위해서는 자율선택 활동이 계획, 실행, 평가과정을 통해 체계적으로 운영되어야 한다.

(1) 놀이 계획하기

유아가 자유선택 활동 시간을 어떻게 보낼 것인가 스스로 계획하고 결정하는 것은 매우 중요하다.

놀이 계획은 개별, 소집단, 대집단별로 할 수 있다.

첫째, 교사는 유아들이 자신의 흥미와 발달 수준에 맞는 활동을 선택할 수 있도록 구체적인 자료와 환경을 마련해 주어야 한다.

둘째, 유아들에게 각 놀이영역의 소개와 어떤 활동, 어떤 놀잇감이 준비되어 있는지 소개해 주어야 한다. 영역 및 교구 소개는 개별적으로 또는 소그룹으로, 대집단으로 할 수 있는데 소개하는 시간이 너무 길거나 진부한 놀이 방법 소개로 유아가 지루해지지 않도록 한다.

셋째, 활동이 소개된 후에도 유아가 놀이를 선택하고 계획하도록 지도해야 한다. 놀이계획을 위해서는 계획의 의미를 이해해야 하며 계획된 내용을 적절하게 표현할 수 있는 능력이 있어야 한다.

유아들에게 말로 표현하게 하거나, 놀이계획표를 사용하거나, 놀이영역판이나 이름카드를 활용할 수 있다. 유아의 능력이나 경험을 고려하여 적절한 방법으로 사용하도록 구체적인 자료와 방법을 제시해 준다.

예를 들어, 학기 초에는 대부분의 유아가 놀이계획을 해 본 경험이 없기 때문에 교사가 유아들을 개별 또는 소집단별로 놀이영역으로 가서 활동을 소개해 주고 놀이계획 시간을 갖는다.

학기 중간쯤에는 전체 유아에게 놀이를 소개한 뒤 개별적으로 하고 싶은 놀이를 계획하도록 한다. 학기 말쯤에는 놀이계획평가표를 활용하여 계획하고 평가하도록 지도한다.

유아가 놀이를 계획할 때에는 다음과 같은 방법을 사용할 수 있다.

① 놀이영역에 놀 수 있는 유아들의 수만큼 표시해 둔다.
② 유아들이 자기가 놀이하고 싶은 영역방에 이름카드를 붙이거나 목걸이를 걸어 두고 놀이한다.
③ 놀이가 끝나면 이름카드나 목걸이를 떼어 낸다.
④ 다음에 놀이할 영역방을 선택한 후 동일한 방법으로 놀이를 한다.

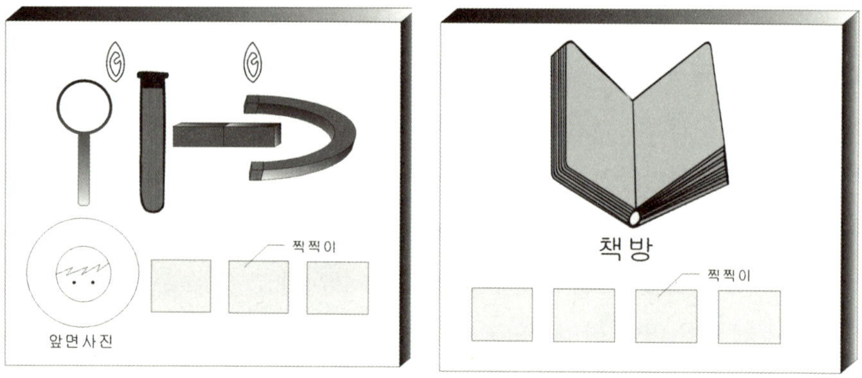

흥미영역별 놀이계획의 표시방법

(2) 놀이과정

놀이 계획이 끝나면 각자 계획한 내용에 따라 놀이를 하게 된다.

교사는 유아의 놀이가 시작되면 다음과 같은 점에 유의하여 지도하도록 한다.

① 유아가 놀이 계획에 따라 놀이에 잘 참여하고 있는지 관찰하여야 한다. 잘 참여하지 못하는 유아가 있으면 교사도 놀이자가 되어 놀이를 시작할 수 있게 도와 준다.

② 유아들의 놀이를 인정하고 격려해 주어야 한다.

③ 유아들이 계획한 놀이 활동에 내용이나 아이디어를 확장시켜 보다 발전된 놀이를 하도록 도와주어야 한다.

④ 유아들이 놀이 상황에서 겪게 되는 갈등을 원만히 해결할 수 있도록 도와 주어야 할 뿐 아니라 놀이환경을 풍부하게 조성하고 시간의 융통성 있는 조절 등으로 문제 상황이 발생하지 않도록 예방해야 한다.

⑤ 한 번 선택한 놀이는 끝까지 해 볼 수 있도록 지도한다.

⑥ 놀이 시간이 끝날 때 정리 정돈을 스스로 하도록 지도한다. 정리 정돈은 선택 활동이 끝나는 시간뿐 아니라 놀잇감 사용 후에는 꼭 제자리에 둔다는 것을 지도해야 하며, 물건 바로 놓는 정돈 습관이 이루어지도록 한다.

(3) 놀이평가

자유선택 놀이가 끝나면 개별, 소집단별, 대집단별로 평가하는 시간을 갖도록 한다.

- 어떤 놀이를 했는가?
- 놀이가 계획대로 잘 진행되었는가?
- 만일 계획대로 되지 않았다면 이유는 무엇인가?
- 놀이할 때 친구 관계는 어떠했는가?
- 놀이를 하면서 기분 좋았던 일과 기분 나빴던 일은 무엇인가?

이상의 질문들을 토대로 자신의 계획과 실행여부에 대한 평가에서부터 놀이활동의 평가, 하루의 평가도 할 수 있다.

유아들이 평가 시 사용할 수 있는 자료는 다음 그림과 같다.

△△△반	이름: □□□	OOO유치원

영역 \ 날짜	월 일 요일			월 일 요일			월 일 요일			월 일 요일			월 일 요일		
쌓기	놀이했어요!			놀이했어요!			놀이했어요!			놀이했어요!			놀이했어요!		
	☺	😐	☹	☺	😐	☹	☺	😐	☹	☺	😐	☹	☺	😐	☹
역할	놀이했어요!			놀이했어요!			놀이했어요!			놀이했어요!			놀이했어요!		
	☺	😐	☹	☺	😐	☹	☺	😐	☹	☺	😐	☹	☺	😐	☹
수조작	놀이했어요!			놀이했어요!			놀이했어요!			놀이했어요!			놀이했어요!		
	☺	😐	☹	☺	😐	☹	☺	😐	☹	☺	😐	☹	☺	😐	☹
과학	놀이했어요!			놀이했어요!			놀이했어요!			놀이했어요!			놀이했어요!		
	☺	😐	☹	☺	😐	☹	☺	😐	☹	☺	😐	☹	☺	😐	☹
언어	놀이했어요!			놀이했어요!			놀이했어요!			놀이했어요!			놀이했어요!		
	☺	😐	☹	☺	😐	☹	☺	😐	☹	☺	😐	☹	☺	😐	☹
조형	놀이했어요!			놀이했어요!			놀이했어요!			놀이했어요!			놀이했어요!		
	☺	😐	☹	☺	😐	☹	☺	😐	☹	☺	😐	☹	☺	😐	☹
음률	놀이했어요!			놀이했어요!			놀이했어요!			놀이했어요!			놀이했어요!		
	☺	😐	☹	☺	😐	☹	☺	😐	☹	☺	😐	☹	☺	😐	☹
컴퓨터	놀이했어요!			놀이했어요!			놀이했어요!			놀이했어요!			놀이했어요!		
	☺	😐	☹	☺	😐	☹	☺	😐	☹	☺	😐	☹	☺	😐	☹

자유선택 활동 시간이 효율적으로 운영되기 위해서는 유아의 반응, 놀잇감이나 놀이공간의 활용, 유아간의 상호작용 등을 평가하여 그 결과를 토대로 운영방침을 계속 수정 · 보완시켜 나가야 할 것이다.

2. 놀이환경 구성

놀이는 유아들의 생활 그 자체이며 성장과정이기 때문에 유아들이 안전한 가운데 신나고 재미있게 놀면서 놀이활동을 발전시켜 나갈 수 있도록 환경을 구성해 주어야 한다. 유아를 위한 환경이란 유아에게 영향을 미치는 모든 상황과 사람을 포함한다.

유아교육기관의 놀이환경은 크게 실내와 실외로 구분되는데 그곳에 배치된 모든 놀이시설물 및 놀잇감은 우선적으로 유아들의 안전을 고려하여 구성되어야 하며, 원내의 실내 · 외에 있는 놀이를 위한 교구 · 교재 시설 하나하나가 상급학교에서의 교과서와 같은 역할을 한다는 생각 하에 단원(교육주제)과 교육목표와 관련지어 구체적으로 놀이활동 계획을 세워 이에 맞는 환경구성을 해야 한다.

환경구성을 할 때에는 특히 유아의 발달적 특성, 성숙도, 욕구, 흥미, 개인차 등을 고려하여 유아가 주위 환경을 자유롭게 탐색해 보고 자신의 활동을 스스로 정리할 수 있도록 하며, 대부분의 유아가 교사의 도움없이 혼자서도 쉽게 사용하고 정리할 수 있도록 준비한다. 또한 고정시설과 함께 이동이 가능한 설비와 기구를 이용하여 융통성 있는 다양한 공간과 환경을 조성하여 유아들의 건강증진과 더불어 창의성 있는 전이발달을 도모할 수 있어야 한다.

여기서는 자유선택 활동을 위한 효율적인 환경구성을 실내 · 외 환경을 중심으로 살펴보고자 한다.

1) 실내환경 구성

유아가 주로 지내는 활동실은 실내 공간 중에서도 유아에게 가장 영향력을 많이 미치는 곳으로 효율적인 학습을 위하여 같은 범주의 교구와 자료들을 한데 모아 공간구성을 하는 흥미 영역별로 구성한다. 흥미 영역은 낮은 분리대나 칸막이, 이동식 교구장, 책꽂이 등을 이용하여 활동내용에 따라 경계를 암시해 주도록 배치함으로써 각 영역이 구분되어지지만 교사는 언제나 유아들의 놀이를 한눈에 볼 수 있도록 환경조성을 하여야 한다.

흥미영역을 구성할 때는 생활주제에 적절한 흥미 영역의 종류를 정한다.

이 때 교사는 유아의 입장을 중시하여 성장 · 발달의 원리나 요구를 고려함은 물론 연령별로 나타나는 특성도 반영해야 하며, 활동하는 유아의 수를 고려하여 가능한 범위 내에서 최선책을 쓴다.

일반적으로 실내 공간에 포함될 수 있는 영역들은 쌓기놀이 영역, 조작놀이 영역, 미술 영역, 과학 및 요리 영역, 음률 영역, 수학 영역, 역할놀이 영역, 언어 영역, 물놀이 · 모래놀이 영역들이며 개별 공간 영역도 필요하다.

위의 이러한 환경 중에서 가장 중요한 핵심이 되는 활동실은 유아가 주로 생활하며 활동을 하는 장소로써 충분히 활동할 수 있을 만한 크기여야 한다. 프로스트(Frost and Kissinger, 1976)에 의하면 교실 내부의 설비 구성은 주로 아래 그림과 같이 네 가지 공간으로 구분된다.

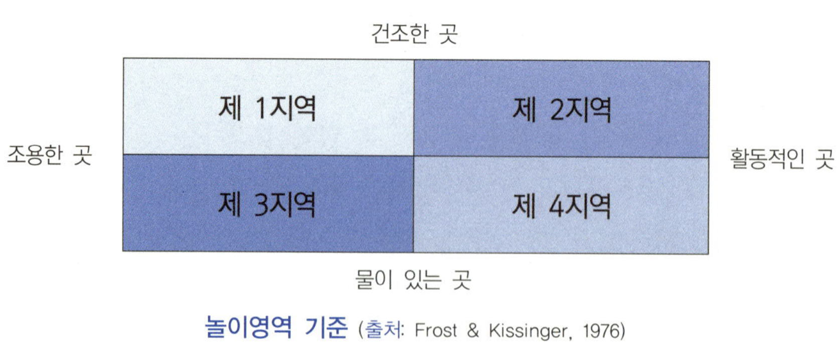

놀이영역 기준 (출처: Frost & Kissinger, 1976)

건조하고 조용한 곳, 활동적이고 건조한 곳, 조용하고 물이 있는 곳, 활동적이고 물이 있는 곳, 이러한 네 가지 기초 구상에 근거하여 교실의 구성과 배열이 이루어질 수 있다. 물이 요구되는 활동은 될 수 있는 대로 건조한 활동과 분리되도록 하며, 활동적인 영역은 되도록 조용한 영역에서 멀리 떨어져 설치하도록 한다.

- 조용한 곳 — 건조한 곳(제1지역)은 언어활동, 이야기 나누기, 조작놀이와 소집단 활동을 위한 곳으로 구성된다.
- 활동적인 곳 — 건조한 곳(제2지역)은 대근육활동, 쌓기놀이, 목공놀이, 역할놀이, 음률활동 등을 계획할 수 있다.
- 조용한 곳 — 물이 있는 곳(제3지역)은 요리하기, 간식 먹기, 가위로 오리고 풀로 붙이기, 점토놀이 등의 미술활동을 계획할 수 있다.
- 활동적인 곳 — 물이 있는 곳(제4지역)은 주로 물놀이, 모래놀이, 손씻는 곳, 물감 그림그리기, 물을 사용하는 과학 실험 등을 계획한다.

물을 필요로 하는 지역(제3지역과 제4지역)에는 바닥이 젖지 않도록 될 수 있는 대로 깔개를 해 준다.

제1지역과 제2지역은 건조한 영역으로 주로 유아들이 마루에 앉아서 활동을 하게 되므로 소음을 줄이기 위하여 부분 카펫 등을 깔아 주어야 한다.

또한 실내환경 구성 시 고려해야 할 점은 다음과 같다.

- 교구장은 놀잇감의 종류와 위치를 유아가 눈으로 쉽게 볼 수 있도록 개방적이고 키 높이에 맞추어야 한다.
- 유아의 흥미에 맞추어서 난정하고 체계적이며 논리적인 순서로 배열되어야 한다.
- 동적인 활동은 함께 모여서 하며 조용한 활동과는 떨어져 있어야 한다. 미술활동은 가능하면 자연 조명이 필요하고, 물놀이는 화장실이나 개수대에 가까이 있어야 한다. 또한 물을 사용하는 활동은 물로 닦을 수 있는 바닥이어야 한다.
- 이용 가능한 공간과 어떤 활동이 이루어지는지를 알려 주는 명확히 설정된 경계가 있어야 하며 분명한 통로가 있어야 한다. 진행 중인 활동을 방해하지

않고 영역을 드나들 수 있는 길도 있어야 한다.

- 흥미 영역은 그 곳에서 놀이할 유아들을 수용할 수 있는 충분한 공간이 있어야 하며, 바닥의 1/3에서 1/2 정도는 교구장이나 교구가 없는 빈 공간이 필요하다. 교재는 사용될 장소 가까이 보관되어야 하며, 보관 및 활동공간은 눈으로 쉽게 볼 수 있어야 한다.
- 유아들이 성인에게 의지하지 않고도 어떤 활동을 해야 하는지를 알 수 있는 것이어야 하며, 유아들에게 어떤 행동이 기대된다는 것을 전달할 수 있어야 한다. 유아의 수와 활동의 수준을 알려 줄 수 있게 배열이 되어야 한다.

각 영역별로 놀이환경 구성을 간단하게 살펴보면 다음과 같다.

(1) 쌓기놀이 영역

쌓기놀이 영역은 '활동적이고 건조한 곳'에 위치하게 하며 역할놀이 영역과 옆으로 나란히 인접하게 하여 서로 도움을 주고받으면서 놀이의 효과를 높이도록 한다. 구성활동을 할 수 있도록 충분한 공간을 마련해 주고, 소음을 줄이고 찬바닥에 앉지 않도록 깔개를 깔아 준다.

블록장은 높이가 다른 장에 비해 낮고 견고하여 유아가 앉아서도 블록을 어려움 없이 넣었다 뺐다 할 수 있고 많은 블록을 넣어도 넘어지는 위험성이 없도록 만든다. 또한 다리에는 바퀴를 달아 영역을 재배열하거나 학습활동을 위해 움직일 때 이동이 원활하도록 한다.

(2) 역할놀이 영역

가정을 축소해 놓은 것과 같은 분위기를 느끼게 하며 여러 가지 역할을 가작화해 볼 수 있도록 준비해 둔다. 유아에게 알맞은 크기의 부엌가구(싱크대, 가열대, 냉장고, 찬장, 식탁 의자 등)와 방안가구(옷장, 화장대, 정리장 등)와 다양한 소품(옷, 신발, 가방, 모자, 각종 그릇, 플라스틱 음식, 수저, 인형, 빈 음료수 통과 화장품 용기 등)을 준비해 준다.

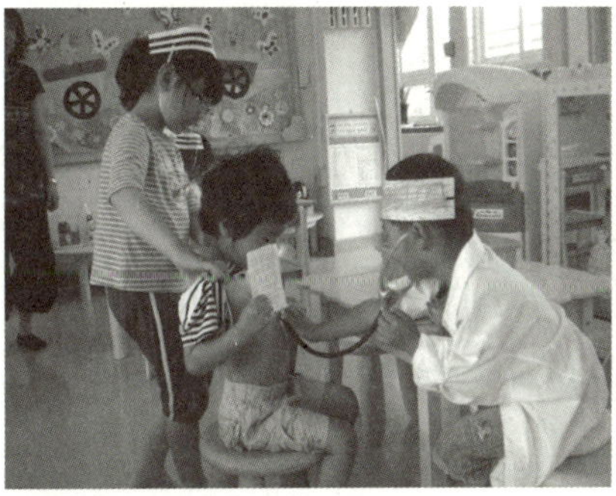

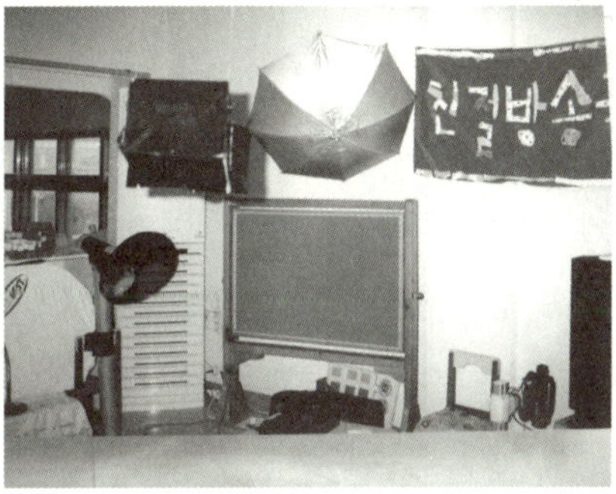

역할놀이에서의 활동은 때에 따라 가정의 상황에서 벗어나 병원놀이, 시장놀이, 우체국놀이 등 여러 가지로 확장 변화되어 다양한 경험을 할 수 있도록 한다.

(3) 독서 영역(언어 영역)

조용한 가운데 밝고 따뜻하며 안정된 분위기 속에서 집중할 수 있도록 배려하여 배치한다. 편안한 의자를 따로 주거나 바닥용 책상과 푹신한 깔개를 깔아 주어 편안한 분위기에서 즐겁게 책을 볼 수 있게 준비한다.

책장은 층계식으로 낮게 하여 책의 전면이 전부 보일 수 있도록 진열한다. 책 이외에 말하기 영역에서는 여러 종류의 인형과 융판동화, 듣기 영역에서는 녹음기와 이야기가 담긴 녹음 테이프, 책 등을 5세 반에서는 쓰기 영역에 종이와 연필, 가위, 풀, 색연필 등도 준비해 주어 유아들이 쓰고 싶어하는 자발적 욕구를 충족시켜 주어야 한다.

(4) 조작 영역

주로 소근육 발달, 수개념, 모양이나 색깔, 크기, 양에 대한 개념, 관계짓기, 순서 만들기에 대한 교구와 언어 발달을 도와줄 수 있는 교구 그리고 그림 맞추기 등으로 유아들이 개별적으로 탐색활동을 많이 할 수 있고 스스로 조작해 보는 경험을 통하여 자기 발달 정도에 맞게 개념을 형성하고 문제를 해결할 수 있는 교구를 조용한 위치에 준비한다.

(5) 수학 영역

수학 영역에서는 유아들이 교재 · 교구들을 조작하고, 탐색하면서 분류 · 비교하고 서열화하는 수의 기초이해 능력을 발달시키고 수개념을 명료히 할 뿐만 아니라 논리-수학적 사고력을 기르게 된다.

따라서 유아들이 활동에 몰두할 수 있도록 조용한 장소에 카펫을 깔거나 책상과 의자를 적절히 배치하여 영역을 구성한다.

수와 연관된 교재 · 교구를 쉬운 것에서부터 어려운 것까지 다양하게 제공함으로 유아들이 흥미와 능력에 따라 자료를 선택하여 활동할 수 있도록 돕는다.

교실이 좁은 경우에는 과학 영역이나 조작 영역과 통합하여 배치할 수도 있으며, 컴퓨터 영역을 수 영역에 포함시키거나 별도의 영역으로 구성할 수 있다.

(6) 과학 영역

유치원의 실내 · 외를 활용하여 동 · 식물의 생태계를 알 수 있고 여러 가지 자연 현상 및 물리 화학적 현상을 경험할 수 있는 장소를 마련한다. 유아들과 함께 유아들이 흥미 있어 하는 여러 가지를 준비하여 제시해 주고 자유선택 활동 시간 중에 관찰, 탐색, 실험과정이 자연스럽게 나타날 수 있는 환경을 마련해 준다.

(7) 조형 영역

매우 활동적이며 소음이 있고 물감을 섞는다든지 뒷정리를 쉽게 하기 위해서 필수적으로 물의 공급이 손쉬운 곳에 위치한다. 바닥도 쉽게 더러워지므로 뒷처리를 하기에 편리하도록 하며 청소도구를 가까이에 배치한다.

만들기에 필요한 자료, 그림 그릴 때 필요한 자료, 찢기, 오리기, 붙이기에 필요한 자료, 건조대 등을 준비하고 여러 종류의 폐품류도 모아서 유아들이 늘 사용할 수 있도록 작업장에 준비해 준다.

(8) 음률 영역

유아가 소리를 정확하게 변별할 수 있으면서도 인접 영역의 활동에 방해를 주지 않는 장소에 주로 다양한 리듬악기를 주어 악기연주 및 노래를 할 수 있게 한다. 음악을 듣고 몸으로 표현해 볼 수 있도록 넓은 공간과 소품을 마련해 줄 수 있다.

(9) 컴퓨터 영역

컴퓨터는 유아들에게 보다 새로운 흥미를 일으킬 뿐 아니라 어려서부터 과학적인 것이 생활화되고 자연스럽게 접할 수 있게 도와줄 수 있는 영역이다.

다른 흥미 영역과 마찬가지로 놀이의 형태로 스스로 컴퓨터의 활용방법을 발견하고 서로 의견을 교환하면서, 협력하는 경험을 할 수 있도록 모든 경험이 교육활동에서 통합적으로 이루어지도록 해야 한다.

유아들이 활동의 결과는 출력해서 확인할 수 있도록 컴퓨터와 연결된 프린트기를 설치해 두는 것도 좋다.

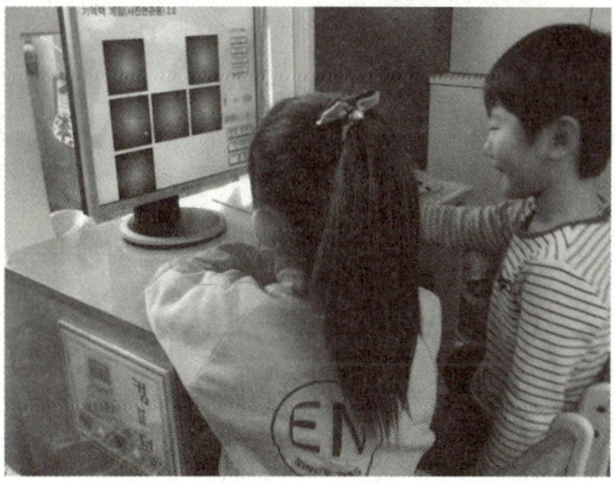

2) 실외환경 구성

실외환경은 실내에서는 할 수 없는 여러 가지 활동과 경험(자연관찰, 동 · 식물의 사육 및 재배, 활발한 신체운동 등)을 할 수 있으며 실내활동을 실외활동으로 지속, 확장(미술활동, 극화, 게임, 대근육 및 음률활동 등)시켜 나갈 수 있도록 환경구성을 해주도록 한다.

실외 공간도 실내에서와 같이 유아들이 마음껏 자유스럽게 뛰놀면서 대근육을 발달시킬 수 있는 동적인 활동을 할 수 있는 개방된 영역과 자연현상을 조용히 관찰, 탐색할 수 있으며, 쉴 수 있는 정적인 영역도 포함시키도록 한다.

(1) 개방된 영역

시소, 여러 종류의 그네, 미끄럼틀, 정글짐, 흔들목마, 종합놀이 시설물을 각각의 용도나 특징, 다른 시설물과의 관계를 고려하여 설치한다. 또한 시설물이 설치되지 않은 빈 공간도 제공하여 유아가 마음껏 뛰어놀거나 간단한 도구를 이용한 놀이(예 : 공놀이, 줄넘기, 자전거타기)와 다양한 생활주제별 게임을 할 수 있도록 한다.

(2) 자연생태 및 관찰 영역

텃밭에 각종의 일년초, 다년초, 관상수, 유실수, 잔디밭, 채소 등을 재배할 수 있는 텃밭은 햇빛이 잘 비치며 놀이에 방해를 주지 않는 장소에 배치해야 한다. 동물 사육장은 원사와 가능한 거리를 두고 햇빛과 바람의 소통이 좋고 배수가 잘 되는 장소가 적절하다. 자연생태를 탐색하는 과정에서 자연적인 지능이 발달될 수 있다.

(3) 모래놀이 · 물놀이 영역

모래놀이와 물놀이는 생활 주제에 적절한 자료를 함께 준비해 주고 계절에 따라서도 다르게 도구를 준비해 주어야 한다. 이 때 모래놀이 · 물놀이 도구는 생활용품을 재활용하는 것이 효과적이다. 그리고 도구의 배치는 크기별로 정리 정돈을 해 주고 모래놀이 도구와 물놀이 도구를 분리하여 배치하는 것이 효율적이다. 모래밭은 햇빛도 비치고 그늘도 생길 수 있도록 큰 나무나 넝쿨식물을 심어 준다.

(4) 휴식 영역

실외에서 동적인 활동을 하고난 후 쉴 수 있도록 나무 그늘 아래 의자를 설치해 주어 이야기를 나누며 쉰다거나 책보기를 할 수 있도록 한다.

실외놀이터에는 실외에서 사용하는 놀이기구, 물품 등을 보관하는 창고 및 유아들이 놀이 중에 용이하게 사용할 수 있도록 화장실을 설치할 수 있으면 더욱 바람직한 환경이 될 수 있을 것이다. 또한 앞에서 살펴본 여러 가지 활동의 종류를 구분하여 배치하면서도 영역 또는 놀이기구 사이의 통로를 충분히 두어 다른 활동을 방해하지 않고, 유아가 안전하게 활동할 수 있도록 해야 한다.

3. 교재 · 교구

교재 · 교구는 유아교육의 내용과 질을 결정하는 중요한 요인이므로 유아 발달에 적합한 교재 · 교구를 선정하는 일과 생활주제에 적절한 교구를 배치함에 세심한 관심을 기울여야 한다.

1) 교재 · 교구 선정의 기준

교재 · 교구를 선정할 때 고려해야 할 기준을 살펴보면 다음과 같다.

첫째, 유아의 발달 수준과 흥미에 적합한 교재 · 교구를 선정한다. 교재 · 교구는 기능에 있어 유아의 발달 수준, 교육기관이 교육목표 및 교사의 교수-학습 방법에 부합되어야 효율적으로 활용될 수 있다. 또한 유아가 관심과 흥미를 느낄 수 있도록 색상이나 디자인, 질감, 촉감 등이 매력적이어야 한다.

둘째, 안전하고 위생적인 교재 · 교구를 선정한다. 교재 · 교구가 재질이나 형태, 크기, 기능면에서 안전하며, 깨끗하게 위생적으로 관리될 수 있는 것을 선정한다.

셋째, 견고한 교재 · 교구를 선정한다. 유치원에서 사용하는 교재 · 교구는 여러 유아들이 함께 사용하므로 견고한 것을 선정해야 한다. 쉽게 망가지고 부서지는 교재 · 교구는 유아에게 좌절감과 실망감을 줄 뿐 아니라 경제적 손실을 가져오고 안전사고를 유발시킬 수 있다.

넷째, 경제적인 교재 · 교구를 선정한다. 교재 · 교구의 가격이 적절하며 오랫동안 사용될 수 있는 것을 선정한다.

다섯째, 유용한 교재 · 교구를 선정한다. 교재 · 교구가 유용하게 활용되려면 우선, 용도가 고정되어 있지 않고 다양해야 한다. 또한 유아들이 성인의 도움없이 독자적으로 조작할 수 있고 이동할 수 있으며 보관 · 관리하기 쉬운 교재 · 교구여야 한다.

여섯째, 유아의 발달을 촉진시켜 주는 교재 · 교구를 선정한다. 교재 · 교구는 유아의 전인적인 발달을 자극하는 교육적 기능을 담당해야 한다.

즉, 유아의 대 · 소근육 발달을 향상시켜 주는 교재 · 교구, 창의성과 상상력을 키워 주는 교재 · 교구, 인지 능력을 강화시켜 주는 교재 · 교구, 타인과의 사회적 관계를 촉진시키는 교재 · 교구를 선정하도록 한다.

유아교육기관에서 흥미 영역을 성공적으로 운영하는 것은 교재 · 교구의 선택과 배치에 달려 있다. 특히, 유아의 연령과 단계에 적절하고 유아의 기술과 지식이 연결되고 자극을 주는 것이어야 한다. 따라서 교재 · 교구를 선택, 구입하거나 제작하고 배치할 때에는 평가기준을 따른 적절한 검토가 이루어져야 할 것이다.

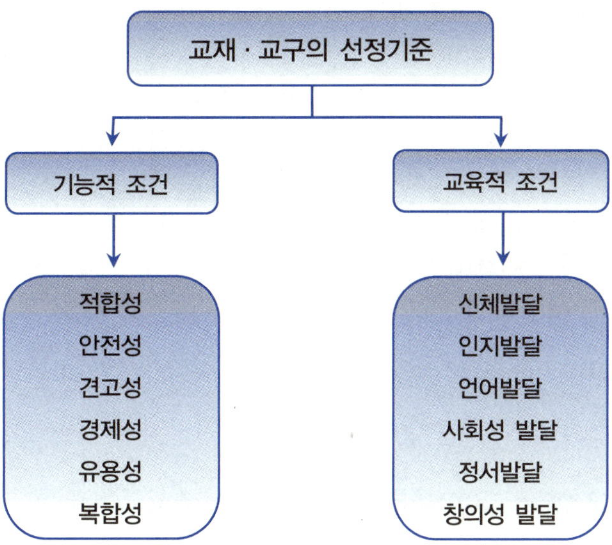

유아 발달에 적합한 교재 · 교구의 선정

영역별 교재·교구의 평가기준을 살펴보면 다음과 같다.

〈표 6-1〉 영역별 교재·교구의 평가기준

영역	평가기준
쌓기놀이 영역	· 다양한 형태를 만들 수 있는가? · 형태가 안정되고 균형이 잘 잡히는가? · 놀이를 통해 성취감을 쉽게 느낄 수 있는가? · 낱개의 무게와 크기가 유아의 연령별 발달 수준에 적합한가? · 수량이 유아의 수에 적절한가? · 모서리 부분과 표면이 안전한가? · 견고하고 내구성이 있는가?
역할놀이 영역	· 다양한 역할 및 기능을 이해시키는데 적합한 교재·교구인가? · 공격적인 행동을 유발시키지 않는 것인가? · 고정적인 성역할 관념에서 탈피한 것인가? · 유아의 문화와 환경에 적합한가? · 모양이나 색깔이 유아의 흥미를 끌 수 있는가? · 크기나 형태가 유아의 연령별 발달 수준에 적합한가? · 재질이나 도료가 안전하고 내구성이 있는가? · 실물을 모방한 놀잇감의 경우에는 실물이 잘 묘사되었는가? (폐품, 질감, 색채, 형태) · 폐품이나 실제 사물을 이용할 경우에는 위생적이고 사용이 간편한가? · 유아간의 상호작용을 조장시킬 수 있는가?
조작놀이 영역	· 유아의 손가락, 손, 팔, 눈의 기능을 촉진시키면서 각 기능간의 협응을 조장하는가? · 난이도가 유아의 연령별 발달 수준에 적합한가? · 색채가 선명하여 유아의 흥미를 자극할 수 있는 형태로 제작되었는가? · 조각 부품이 정교하게 끝 손질이 되었는가? · 재질이나 도료, 형태가 안전한가? · 견고하고 내구성이 있는가? · 수량이 유아의 수에 적절한가? · 성인의 도움없이 유아가 조작할 수 있는가?
언어 영역	· 다양한 듣기, 말하기 기회를 제공하는가? · 언어의 정확한 이해와 정확한 표현에 도움을 줄 수 있는가? · 바른 언어를 사용할 수 있는 기회를 제공하는가?

영역	평가 기준
언어 영역	· 의사표현에 기초가 되는 사고 능력을 신장시키는 데 도움이 되는 교재·교구인가? · 일상생활과 관련된 낱말과 문장을 사용하는가? · 다양한 사물이나 현상에 관한 그림을 제시하는가? · 글자가 바르고 크게 쓰여져 있는가? · 유아의 흥미를 끌 수 있고 유아의 연령별 발달 수준에 적합한가? · 견고하고 내구성이 있는가? · 카세트, 녹음기 등이 작동하기 간편하고 성능이 좋은가?
미술 영역	· 자유로운 표현의 기회를 제공하는가? · 미술놀이를 통해 성취감을 느낄 수 있는가? · 색이 선명하고 색감이 좋은가? · 재료가 유아의 연령별 발달 수준에 적합한가? · 유아가 다루기 쉽고 질이 좋은가? · 유해 성분이 없고 안전한가? · 충분한 양이 제공될 수 있는가? · 폐품을 이용할 경우에는 위험성이 없고 위생적으로 처리되었는가? · 다양한 개별 활동과 집단 활동의 경험을 제공하는가?
수학 영역	· 10 이하의 숫자를 취급하였는가? · 분류, 수 이해 순서, 공간, 측정 등의 속성에 해당하는 자료가 골고루 준비되었는가? · 자료의 수가 너무 많아 유아에게 부담을 주지 않는가? · 교구가 매력적이고 유아가 사용하기에 편리하며 흥미로운가? · 각 교구마다 실수를 스스로 발견할 수 있는 단서가 있는가? · 자료의 수준이 유아에게 적절한가?
과학 영역	· 자연현상에 관심을 갖고 이해하는 데 도움이 되는가? · 생활에 간단히 적용할 수 있는가? · 호기심과 탐구심을 조장할 수 있는가? · 사고력과 문제해결력을 증진시킬 수 있는 기회를 제공하는가? · 정확하고 정밀하게 구성되었는가? · 위험성이 없고 안전한가? · 유아의 흥미를 끌 수 있는가? · 물리적 변화를 관찰할 수 있고 다양한 실험을 유도할 수 있는가? · 크기나 무게, 사용법이 유아에게 적절한가?
음률 영역	· 여러 가지 소리를 탐색할 수 있는 자류가 제공되었는가? · 정확한 음정과 아름다운 소리를 가진 악기를 접할 수 있는가?

음률 영역	· 노래 활동을 활발히 유도하는 다양한 자료가 있는가? · 감상용 음악 선곡이 유아의 발달 수준에 적합한가? · 신체적 표현을 유도하고 다양한 활동으로 전개할 수 있는 보조 자료가 준비되었는가?
물놀이 영역	· 휘젓기, 퍼올리기, 붓기, 운반하기 등 다양한 근육운동을 할 수 있는 기회를 제공하는가? · 물의 변화를 관찰할 수 있고 물을 이용한 실험이 가능한가? · 형태, 크기, 난이도가 유아의 연령별 발달 수준에 적합한가? · 위험하지 않고 안전한가? · 다양한 촉각 경험을 제공하는가?
모래놀이 영역	· 실내 · 외에서 골고루 모래놀이가 가능한가? · 모래에 불순물이 제거되어 안전한가? · 모래에는 적당한 습기가 있어서 바람에 날리는 것을 예방하는가? · 실외놀이 시설은 직사광선을 피할 수 있으며 물놀이 영역과 인접해 있는가? · 양의 측정과 다양한 모양, 부피를 실험할 수 있는 안전한 용기들이 준비되었는가? · 파고, 뚫고, 퍼내는 데에 적합한 도구가 골고루 있는가? · 모래놀이 영역에서 일어날 수 있는 극화 활동에 필요한 도구가 준비되었는가? · 모래놀이 도구를 유아 스스로 안전하게 정리, 보관할 수 있는 모습이 마련되었는가?
목공놀이 영역	· 목공놀이 영역을 각 교실의 한 영역으로 설치할 때, 공동 영역으로 설치할 때와 단독 영역으로 설치할 때 목공놀이 테이블의 크기와 소음방지를 위한 사전 조치가 되어 있는가? · 목공놀이 테이블은 유아의 책상 높이와 일치하는가? · 목공놀이 테이블의 다리가 견고한가? · 고정 기구(바이스 등)을 설치하기에 목공놀이 테이블의 목재가 단단한가? · 각종 도구는 유아가 사용하기에(무게, 크기 등) 적절한가? · 각종 도구는 제 기능을 다하는가? · 못질하기에 적당한 자료(딱딱한 것)와 톱질이 용이한 자료(무른 것)가 골고루 준비되었는가? · 도구를 안전하게 정리, 보관할 공간이 있는가? · 나무와 못(중간 크기)의 크기는 유아가 사용하기에 적절한가?

요리 영역	· 자유로운 탐색의 기회를 제공하는가? · 미각, 후각, 시각, 청각, 촉각 등 다양한 감각 경험을 제공하는가? · 요리 과정의 즐거움과 성취감을 제공할 수 있는가? · 안전하게 사용하고 위생적으로 관리할 수 있는가? · 크기, 형태, 무게 등이 유아가 다루기에 적절한가? · 요리 과정이 유아의 연령별 발달 수준에 적합한가? · 요리순서카드가 유아가 이해할 수 있도록 만들어졌는가?
대근육활동 영역	· 대근육활동이 골고루 활용되는 놀이기구인가? · 인체 공학적인 측면에서 안정성이 있으며 크기는 적절한가? · 미끄럼대의 경사, 오름대의 간격, 이동놀잇감 등이 제 기능을 다하는가? · 혼자 또는 여럿이 놀 수 있는 놀이 시설이 골고루 준비되었는가? · 교구의 재질이 유해하지 않는가? · 교실 공간과 타영역과의 관계를 고려할 때 놀이기구의 크기가 적당한가?

한편, 현행 학교 교구 설비기준을 살펴보면 다음과 같다.

첫째, 교육과정에 명시된 교육활동을 가능하게 하는 최소한의 교구가 갖추어질 수 있는 기준이 되어야 한다. 이를 위해서는 먼저 생활 영역별 교육활동 기준으로 제시되어졌던 이전의 기준은 유아의 흥미를 고려하고 통합적인 발달이 이루어질 수 있는 쌓기놀이, 언어, 역할놀이, 수학, 과학, 음률, 대근육, 미술, 모래놀이, 물놀이 및 목공놀이 등의 교육활동 영역으로 구분 · 제시되어야 한다.

둘째, 교육활동 영역별 기준의 제시와 함께 각 교육활동 영역별로도 다양성이 고려된 최소한의 필수적 기준이 제시되어야 한다. 예를 들어, 언어활동 영역 교구로는 말하기, 듣기, 읽기, 쓰기를 비롯한 언어적 측면의 유치원 교육목표가 달성될 수 있는 다양한 교구가 최소한 제시되어야 한다.

셋째, 교육활동 영역별 구분에 따른 교구는 교육활동간에 균형 있는 통합이 이루어질 수 있도록 몇 가지 활동 영역에만 지나치게 많은 교구가 제시되지 않도록 해야 한다. 소요 기준 역시 교육활동간의 균형이 이루어질 수 있도록 일관성 있게 제시되어야 한다.

넷째, 유치원 교구는 유아의 학습 특성이 반영된 교구, 즉 구체적이고 직접 조작이 가능하고, 직접 경험이 가능한 교구로 제시되어야 한다.

다섯째, 유아들이 흥미를 유발할 수 있는 매력적인 교구로서 안전성이 고려된 교구로 제시되어야 한다.

2) 연령별 교재 · 교구

연령별 놀이유형에 따른 놀잇감(Mayesky, 1990, 재인용)을 구체적으로 제시하면 다음과 같다.

(1) 2~3세 초

1 감각 놀잇감

- 물 · 모래놀이용품 : 컵, 삽
- 점토
- 소리 듣고 알아맞히기 게임
- 종, 나무블록, 트라이앵글, 드럼
- 감각상자

2 대근육 놀잇감

- 낮은 기어오름대, 낮은 미끄럼틀, 직물로 된 그네
- 손수레, 장난감 운반용 차, 각종 탈것(바퀴 3개, 페달)
- 큰 고무공류

3 구성 놀잇감

- 유니트 블록과 액세서리류 - 사람, 나무, 차, 트럭
- 큰 조각의 구성놀잇감 세트
- 나무로 된 기차와 기찻길 세트
- 플라스틱 목공놀이 세트

4 조각 놀잇감

- 조각이 큰 퍼즐(4 ~ 20조각)
- 못박이판
- 큰 비즈, 실과 실감개, 바느질판
- 쌓기용 장난감
- 숫자카드, 도미노카드

5 극 놀잇감

- 씻을 수 있는 인형과 인형옷, 인형침대
- 유아 크기의 식탁과 의자, 그릇류, 병, 냄비, 역할놀이용 옷, 모자, 신발, 셔츠
- 손인형, 모형 쇼핑카드

6 책과 녹음자료

- 그림책, 이야기책, 시집
- 녹음기와 다양한 종류의 테이프

7 미술 자료

- 끝이 넓은 수성펜
- 넓고 다양한 질감의 종이
- 이젤, 물감, 굵은 붓
- 끝이 무딘 가위, 풀

(2) 3세 후반~4세

1 감각 놀잇감

- 물놀이 용품 : 계량컵, 거품기
- 모래놀이 용품 : 각종 빵틀, 그릇류
- 실로폰, 마라카스, 탬버린
- 점토(potter's clay), 밀가루 점토

2 대근육 놀잇감

- 자동차류(3개의 큰 바퀴가 있는)
- 롤러스케이트
- 기어오름대, 로프와 타이어로 된 그네
- 플라스틱 야구 방망이와 공, 폐타이어, 균형보드, 널빤지, 상자, 볼링핀, 링던지기, 콩주머니와 맞춤판

3 구성 놀잇감

- 더 많은 유니트 블록, 모형 액세서리류, 모형 자동차류, 작은 조각의 구성 놀잇감 세트
- 목공놀이 세트 : 못, 사포, 톱

4 조각 놀잇감

- 퍼즐, 못박이판, 실에 꿸수 있는 작은 비즈
- 분류하기에 쓸 작은 물건들, 구슬, 확대경
- 간단한 카드나 판게임
- 학습용 낱말카드, 숫자카드

5 극 놀잇감

- 인형과 액세서리류, 인형용 유모차, 유아용 부엌놀이 기구(싱크대, 가스레인지), 더 많은 역할 놀이용 옷, 놀이용 음식
- 종이상자
- 인형집이나 다른 역할놀이용 세트
- 손가락 혹은 막대인형

6 책과 녹음자료

- 간단한 과학책, 좀더 상세한 그림과 이야기책들
- 학습용 녹음기, 광범위한 종류의 테이프

• 책과 녹음 자료 세트

7 미술 자료

• 이젤, 가는 붓, 굵은 크레용, 분필, 밀가루 반죽, 콜라주 재료

(3) 5~6세

1 감각 놀잇감

• 물놀이 용품 : 식용색소, 펌프, 깔때기
• 모래놀이 용품 : 콘테이너 및 각종 모래놀이용 기구
• 하모니카, 피리, 기타
• 점토와 점토놀이용 도구

2 대근육 놀잇감

• 자전거, 인라인 스케이트
• 실외 게임 : 원반 던지기, 줄넘기, 공을 이용한 각종 게임, 술래잡기 등

3 구성 놀잇감

• 보다 더 많은 유니트 블록, 모형과 액세서리류, 목각놀이
• 도로와 마을 꾸미기 도구
• 속이 빈 블록
• 나사와 드라이버, 자, 각종 부속류

4 조각 놀잇감

• 보다 복잡한 퍼즐, 도미노
• 더 어려운 판과 카드 게임
• 굵은 실과 굵은 바늘, 망사천, 뜨개질 용구
• 자석

5 극 놀잇감

- 현금등록기, 놀이용 돈, 다른 극화놀이용 액세서리나 소품들, 주유소 모형, 타이프라이터

6 책과 녹음자료

- 다양한 이야기책, 요리책, 각종 팸플릿, 잡지, 식당 메뉴판 등의 인쇄물 각종 교양서적류

7 미술 자료

- 수성 물감
- 작은 크기의 종이
- 스테플러, 펀치, 칠판
- 크레용, 페인트, 목탄
- 자동 카메라와 필름
- 다양한 재활용품

3) 폐품을 활용한 교재 · 교구

최근 전세계적으로 이슈가 되고 있는 환경문제를 고려해 볼 때 유아를 위한 교재 · 교구도 폐품을 재활용하여 창의적으로 제공해 줄 수 있다. 그러나 유아를 위한 교재 · 교구로 폐품을 이용하고자 할 때에는 가장 먼저 폐품의 안정성을 살펴보아야 한다. 즉, 목재인 경우는 튀어나온 못이나 가시가 있는지, 날카로운 부분은 없는지 등을 살펴보아야 한다.

유아교육기관에서 활용할 수 있는 폐품을 이용한 교재 · 교구를 살펴보면 다음과 같다.

(1) 나무로 만든 빈 상자들(crates)

눈을 크게 뜨고 주위를 둘러보면 각양각색의 유용한 자료들이 많다. 큰 상자를 다양한 방법으로 이용할 수 있으며, 유아들은 종종 전혀 생각지 못했던 방법을 고안해 내기도 한다. 놀이가 끝난 후에는 저장용기로 쓸 수도 있다.

아주 큰 상자는 인형극 무대로 이용하거나, 작은집이나 가게, 아이들이 기어오르거나 뛰어내릴 수 있는 뜀틀로도 사용된다. 낡은 침대 매트리스는 유아들이 안전하게 뛰어내릴 수 있게 한다.

카펫을 깔고 베게나 쿠션을 걸쳐 놓으면 이야기하기에 적당한 조용한 장소가 될 수 있다.

큰 상자를 열려진 쪽으로 돌려 놓고 크기에 맞게 자르면 배나, 비행기, 잠수함 또는 자동차로 변형시킬 수 있다.

낡은 유모차 바퀴는 핸들로 사용할 수 있다. 2~3개 이상 준비해 두어 싸움이 일어나지 않게 한다. 그리고 핸들을 부착시킬 필요는 없다. 유아들은 그것이 진짜가 아니라는 데 관심을 두지 않는다.

(2) 작은 상자들(small crates)

식료품상에서 과일상자 같은 것들을 매우 싼값에 구입할 수 있다.

상자면을 사포로 닦아 주어 거친 면을 부드럽게 한다.

상자에 손잡이를 부착하면 용기로 쓸 때 운반하기에 쉬울 뿐만 아니라, 유아들이 그것을 움직일 때 쉽게 조작할 수 있을 것이다.

목재를 사용해 비행기 날개나, 난로나 싱크대, 요람 등 필요한 가구의 필요한 주요 부분을 만들 수도 있다.

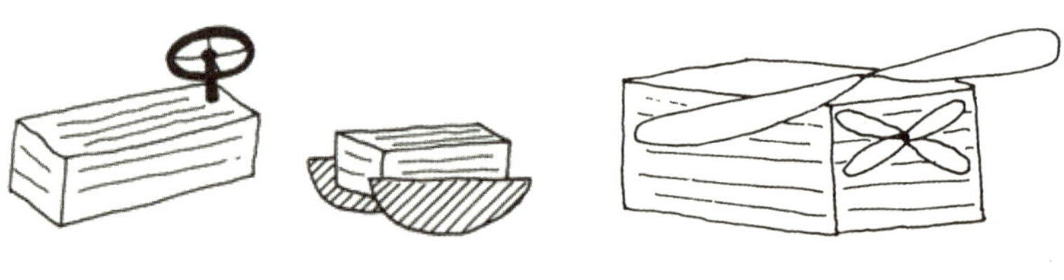

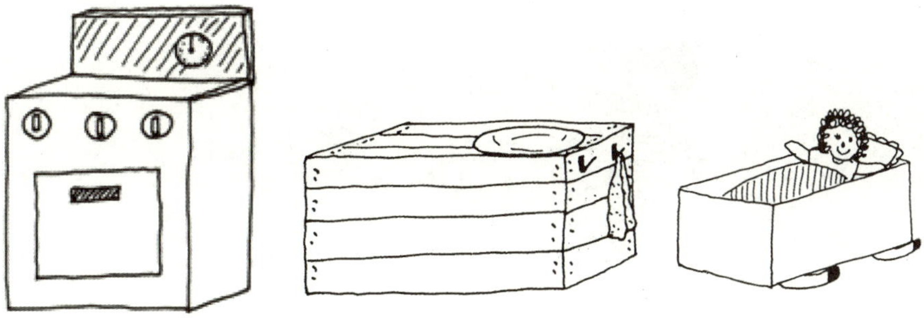

(3) 타이어(tyres)

자동차의 타이어와 드물기는 하지만 트럭, 트랙터, 스쿠터 타이어들은 타이어 상회에서 구하면 쉽게 얻을 수 있다.

아이들을 헌옷을 입혀서 타이어 위에서 놀게 하면 타이어가 깨끗해질 것이다.

자동차 타이어들을 여러 가지 방법으로 자르고 매달아서 그네를 만들 수 있다.

작은 타이어들은 굴리기를 하며 놀게 하고, 바닥에 타이어들을 놓아 두어 타이어 위를 아이들이 자유롭게 뛰어다니게 하는 것도 재미있을 것이다.

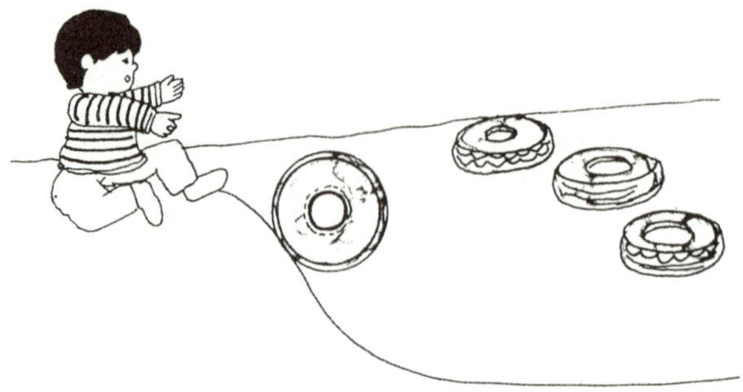

트랙터 타이어는 둘로 자르면 유아들이 물놀이 하기에 좋고, 또 가장자리를 잘라 내어 모래터로 사용할 수 있다. 고무튜브 안은 쉴 수 있는 좋은 장소가 되기도 하며, 굴리기 놀이, 숨박꼭질 놀이를 하기에 좋다.

(4) 작은 나무토막들(timber off cuts)

목공소, 가구공장 등에서 작은 나무토막들을 구할 수 있다.

이 나무토막들을 사포로 잘 닦아서 페인트칠을 하고 니스칠을 하면 집짓기 블록으로 사용할 수 있다.

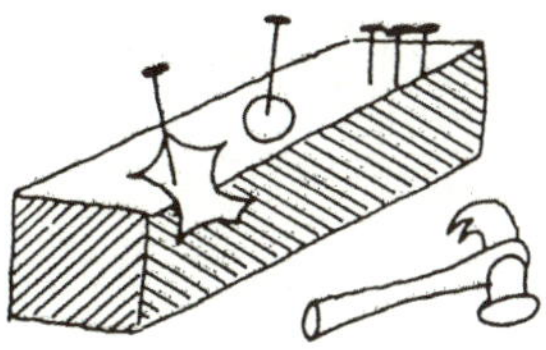

(5) 전화선 감는 틀(cable reels)

전화선 감는 틀을 구해서 나무가시와 못을 제거하고 이용한다. 다양한 크기의 것을 모아서 사다리와 판자를 이용하여 미끄럼틀, 다리, 기어오르기 등을 할 수 있는 종합놀이 세트(set)를 구성할 수 있다. 아주 커다란 전화선 감는 틀은 문을 만들어 아늑한 방으로 꾸밀 수도 있다.

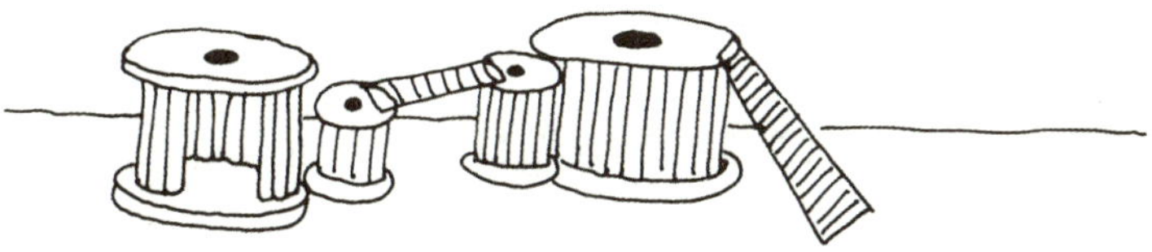

(6) 마분지 상자(cartons)

마트나 슈퍼마켓, 가게 등에서 다양한 빈 상자를 구할 수 있다.

이러한 상자들 자체가 유아들에게 흥미의 대상으로써 상상력을 동원하여 창의적인 작품을 만들 수 있다.

간단하게는 상자를 뒤집어 쓰면 거북이 등이 되는데, 효과를 더 내기 위해서 상자를 거북이처럼 꾸밀 수 있다(계란과 같은 것으로).

랩이나 쿠킹호일 따위를 다 쓰고 나면 얻을 수 있는 둥근 원통을 상자 옆에 부착시키면 노젓는 배가 된다.

문을 만들고 아이스크림 용기 뚜껑으로 바퀴를 만들면 자동차가 되기도 하고, 비밀장소가 되기도 한다.

상자를 사용한 뒤에는 상자의 위 · 아래를 펴서 납작하게 접으면 보관하기에도 편리하다.

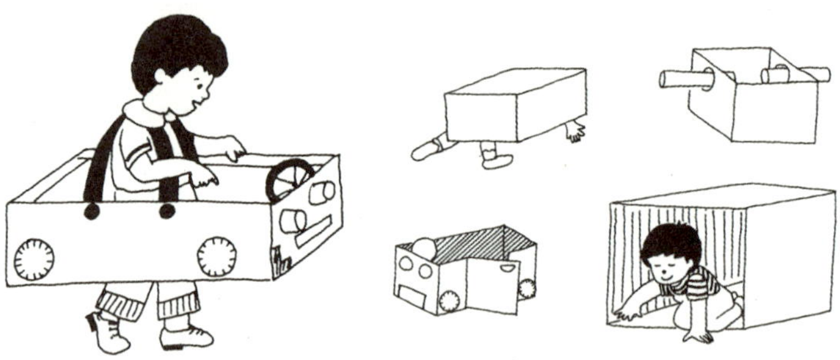

(7) 플라스틱병들(야쿠르트병, 음료수 병들)

빈 플라스틱병은 악기로 이용할 수 있다. 쌀, 마카로니, 콩, 자갈 등을 넣어 소리나는 마라카스를 만든다.

물놀이, 모래놀이 기구를 만들어 보자. 큰 플라스틱을 반으로 잘라서 꼭지 부분은 깔대기를 만들고, 밑바닥쪽은 구멍을 내어 체로 만든다.

또한 병을 비스듬히 잘라서 모래 퍼담는 용기를 만든다.

손잡이가 있는 큰 플라스틱병은 윗부분을 잘라 내어 작은 자동차, 블록 등을 실어 나를 수 있는 바구니를 만들 수 있다.

똑같은 모양의 병을 모아서 볼링게임을 할 수 있는 핀으로 이용하거나 인형, 게임을 위한 도구 등을 만들 수 있다.

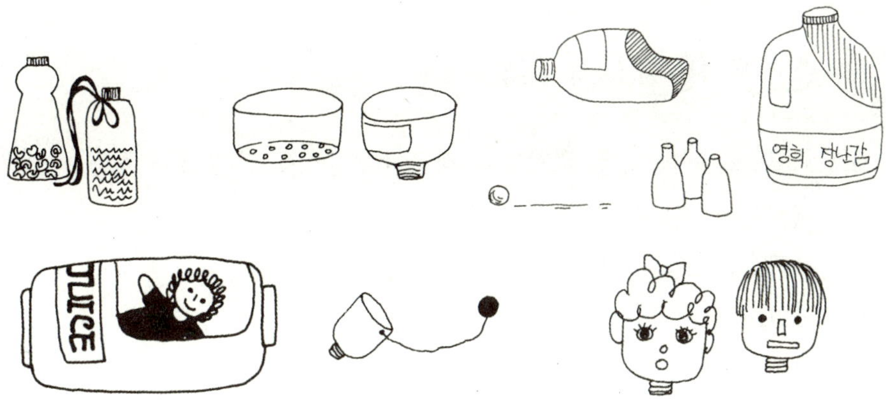

(8) 기타 소품과 부분품들

낡은 진공청소기, 세탁기의 호스를 이용해서 주유기의 호스나 소방차의 호스 또는 코끼리의 코를 만들 수 있다.

빗자루의 손잡이는 짧게 잘라서 찰흙이나 밀가루 반죽을 미는 굴림대로 사용한다.

낡은 빨랫대는 물감그림이나 풀그림 등을 말리는 데 사용할 수 있다.

유아들은 조그마한 동굴, 참호 같은 속을 기어다니거나, 그 속에 숨거나 하는 것을 매우 좋아한다.

시트, 누비천, 커튼은 극놀이나 역할놀이를 위한 의상, 텐트 등을 만들 수 있다.

(9) 판지 원기둥(cardboard cylinders)

쿠킹호일 · 랩 등의 속통, 휴지말이, 직물이나 종이를 감는 굴대 등을 사용하여 다음과 같이 이용할 수 있다.

- 작은공 떨어뜨리는 통
- 코끼리의 코
- 여러 가지 동물의 눈, 코, 입, 귀 등
- 악기 : 한쪽 끝을 막고 쌀, 콩 등을 넣고 위쪽을 덮어서 마라카스를 만든다. 유아들이 가지고 놀기 전에 그것이 안전한가를 반드시 확인한다.
- 두 개의 원통을 나란히 붙여서 색셀로판지를 한쪽 끝에 붙이면 흥미로운 쌍안경이 될 것이다.
- 원통에 색칠을 하거나 장식을 붙여서 모빌을 만들 수 있다.
- 신호등을 만들 수 있다.
- 피리를 만들 수 있다.
- 대근육 놀이 세트로 만들 수 있다.
- 화장지 박스로는 신발, 모자를 만들 수 있다.
- 샴푸병, 세제병으로 다양한 물놀이 용품, 물총, 분무기를 만든다(이것은 실외에서 사용하도록 한다).
- 달걀 넣는 상자는 다양한 크기의 상자들을 분류하는 용기로 사용된다. 그 밖에 거미, 송충이, 선글라스 등을 만들 수 있다.
- 기타 재활용품 : 단추, 병뚜껑, 아이스크림 막대, 열쇠, 돌, 클립, 콜크마개, 이쑤시개, 다양한 끈, 줄, 철사줄, 실, 털실, 천 등

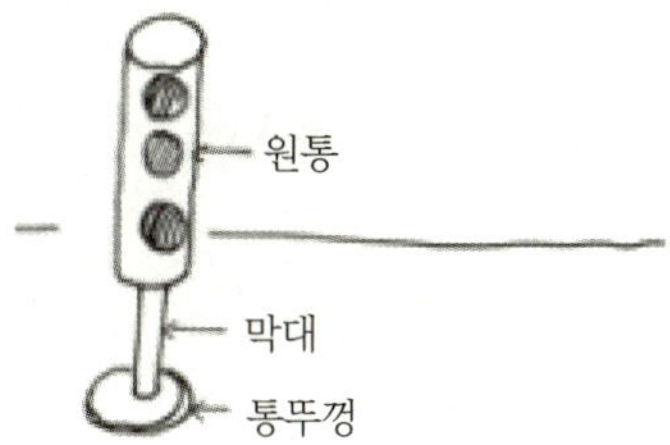

(10) 우유통

우유통은 깨끗하게 씻은 후 냄새를 제거하여 사용해야 한다.
이 때 우유통은 작게 잘라서 활용하면 더욱더 효과적이다.

- 새 모이통
- 헬리콥터 : 상자갑 위에 바람개비를 단다.
- 공룡 만들기
- 끌고 다니는 장난감
- 모자이크나 콜라주를 제작할 때 책상 위에 늘어놓거나 넣어 보관하기 위해 여러 개의 우유통을 잘라서 잡동사니들을 넣어 두면 편리하다. 다 사용한 후에는 버려도 좋다.

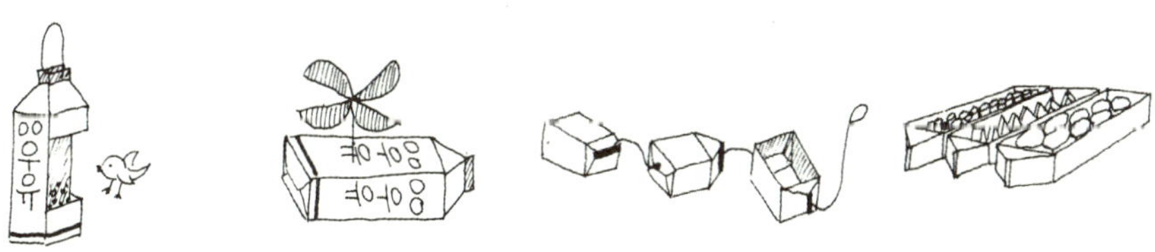

(11) 뚜껑있는 용기들

뚜껑이 있는 빈 용기들은 저장용기로 쓰기에 좋다. 유아들은 쌓고, 무너뜨리는 것을 좋아하므로 이런 용기들을 여러 개 모아 탑쌓기 놀이를 하게 한다. 뚜껑으로

는 바퀴굴리기를 하고, 용기를 머리에 쓰고 노는 것도 좋아한다.

우편함을 만들기 위해서는 뚜껑에 집어넣을 다양한 재료들의 모양에 맞게 잘라내어 사용한다.

드럼이나 북을 만들 수 있으며(실은 매달아 목에 걸 수 있게 한다.), 여러 가지 교재·교구를 정리하는 보관함으로 사용할 수 있다.

(12) 깡통(cans)

통조림, 주스캔을 이용할 때는 날카로운 모서리, 뾰족한 부분이 없는가에 유의해야 한다.

뚜껑이 꼭 맞는 캔에 돌이나 모래를 가득 채우고 양끝에 구멍을 뚫어 굵은 철사를 꿰어서 손잡이를 만들면 훌륭한 롤러(roller)가 만들어진다.

깡통을 여러 개 모아 색칠을 하거나 꾸며서 쌓기 놀이에 사용해도 좋다.

크고 작은 것이 있다면 서로 겹쳐 쌓아 간편하게 보관할 수 있다.

손잡이를 매달아 물통을 만들거나 한쪽 입구를 좁혀 물 따르기 쉽게 하여 몰놀이를 사용할 수 있다.

자석을 붙여서 다양한 생활 주제별 교구를 만들 수 있다.

또한 주스캔 등을 이용해서 볼링핀을 만들어 볼링게임을 즐길 수도 있다.

(13) 쇼핑백

쇼핑백은 그림그리는 도화지나 탈을 만들 때도 사용할 수 있다. 그리고 다양한 탈을 만들어 역할 놀이 영역에서 동극 활동도 할 수 있으며 가게 놀이에서 쇼핑백으로 그대로 사용할 수 있다.

(14) 스티로폼 용기들

조각들은 유해함으로 먹지 않도록 주의한다.

목공놀이에 사용하면 유아들이 쉽게 못을 박고 빼낼 수 있다.

스티로폼 접시는 연이나 날리는 것으로 이용할 수 있다.

또한 멋있는 벽걸이를 만든다. 장식을 하거나 그림을 그려서 붙이고 리본이나 철사로 고리를 만들어 벽에 걸게 한다.

두꺼운 조각들은 배를 만들 수 있고, 블록으로 이용할 수도 있다.

(15) 장판

비닐장판, 모노륨 등을 찰흙놀이하기 전에 책상에 깔아 두면 책상이 더렵혀지지 않는다. 목공놀이나 그림을 그릴 때 장판을 깔고 사용하면 좋다. 특히 도자기 흙을 사용하거나 물감놀이 시 아주 유용하다.

(16) 천 조각들

다양한 직물, 가죽류, 털제품류의 조각들을 모은다. 큰 조각들은 인형만들기에 활용할 수 있으며, 작은 조각들은 촉감카드나 미술활동 자료, 콜라주 등에 사용된다.

다양한 조각들을 모아서 꿰매어 낡은 시트 대용으로 사용할 수 있다.

4. 교사의 역할

유아들이 스스로 놀이를 계획하고 진행함으로써, 유아들이 자발성을 유지하면서 놀이활동에 보다 효율적으로 지속시키도록 적절히 도와주는 것이다.

교사는 유아에게 다양한 수준의 놀이 기회를 제공해 주기 위해 생활주제를 중심으로 놀이계획 및 물리적 환경의 구성자이며 인적 환경의 조정자라고 할 수 있다.

유아놀이지도를 위한 교사의 역할을 구체적으로 살펴보면 다음과 같다.

① 유아들의 흥미를 유발시켜 자신들의 작업에 능동적으로 참여하도록 격려한다.

② 유아의 지식과 이해의 확장 및 심화를 위해 토론을 진행해 나간다.

자유선택 활동을 진행해 나가는 과정 속에서 교사가 유아에게 정보를 제공하고, 유아들이 이미 알고 있는 것과 그들이 학습한 것, 그리고 그들이 계속해서 배우기를 원하는 것을 조사하여, 교육과정 설계에 반영하도록 한다. 또한 유아들은 다른 유아들과 정보를 공유할 수 있도록 준비된 환경을 준다.

놀이 과정 속에서 교사의 구체적 역할은 유아의 연령에 따라 달라진다. 어린 유아일수록 많은 경험들이 부족할 뿐 아니라 언어만으로 서로간의 이해를 돕기 어려우므로 교사는 유아가 그들의 경험과 틀, 사고, 의문과 관심을 갖도록 흥미 있는 영역을 준비해 둔다.

③ 놀이활동을 위하여 보다 의도적이고 계획적인 생활주제별 환경을 제공하여야 한다.

④ 유아의 다양한 활동 수행 능력을 계속 관찰하고, 기록하면서 그 차이를 지켜보아 능력 있는 유아에게는 도전의 범위를 확대하고, 학습과 동기가 부족한 유아에게는 적절한 환경을 제공해 준다.

⑤ 다양한 놀이를 선택하도록 도와 준다. 유아들의 구성활동, 극놀이, 탐색활동들을 격려하며, 유아들이 궁금해하는 것에 대해 여러 가지 방법들로 놀이할 수 있도록 돕는다.

⑥ 정서적인 안정감을 제공하여(하루 일과, 교사, 또래집단, 물리적 환경을 일관성 있게 운영) 예측하지 못한 문제상황에서 자신감을 가지고 해결할 수 있도록 돕는다.

⑦ 토론을 통해 유아의 놀이에서 흥미를 갖지 않는 유아에게는 개별적으로 놀이 공간을 만들어 준다.

⑧ 작업활동의 선택과 결정을 돕는다.

유아의 계획을 실현시킬 작업의 선택이 너무 비현실적이고, 실현 불가능할 때 결정단계에서 교사가 개입해서 실현될 수 있는 방향을 제안하는 방법으로 이것은

실패에 대한 실망감을 최소화시키고, 놀이활동에서 즐거움을 갖도록 도와 준다.

교사는 유아들의 발달 정도나 흥미 요구에 맞추어 그리고 교육목적과 교육주제와 연관하여 놀이를 계획하고 그 계획에 따라 환경을 마련하며 놀이상황에서 유아들과 상호작용하면서 유아의 놀이를 격려, 확장시키고 그들의 놀이 양상을 관찰함으로써 놀이를 촉진시키는 동시에 다음의 놀이를 위한 평가와 계획을 세울 수 있으며, 환경구성을 할 수 있다.

제 2 부

놀이지도의 실제

제1장

역할놀이

1. 역할놀이의 정의 및 교육적 가치
2. 환경구성
3. 역할놀이의 발달단계
4. 놀이지도 시 교사의 역할
5. 활동의 실제

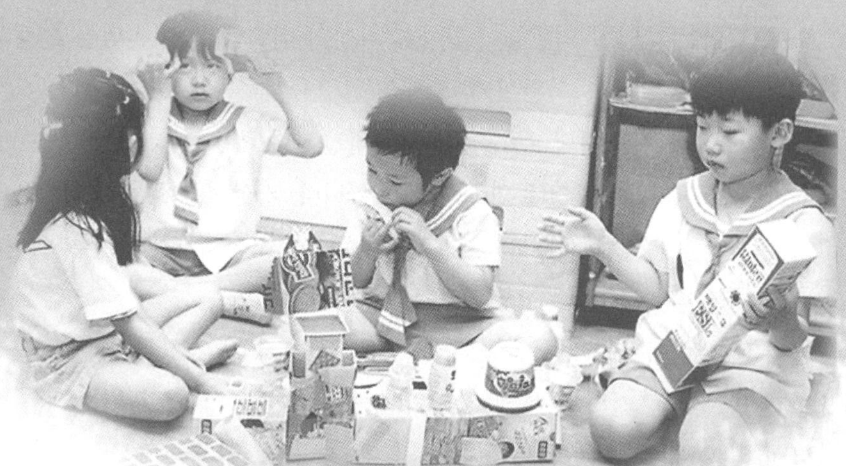

1. 역할놀이의 정의 및 교육적 가치

역할놀이란 유아들이 흥미롭게 느꼈던 사건이나 자신이 알고 있는 지식을 실제로 놀이를 통하여 표현해 보는 것을 말한다. 유아는 혼자 있을 때나 또래친구와 함께 있을 때에 역할놀이를 하는데, 이는 성인의 생활양식을 그대로 따라해 보고 싶은 유아의 내면적 욕구에 의한 것으로 소꿉놀이(가족놀이), 병원놀이, 시장놀이 등으로 나타난다. 이러한 역할놀이는 학자나 이론에 따라 각기 다른 용어로 불리워지고 개념화되고 있다. 피아제(J. Piaget)는 상징놀이(symbolicplay), 스밀란스키(S. Smilansky)는 사회극적 놀이(sociodramatic play)라고 하였으며, 가베이(C. Garvey)는 가장놀이(pretend play)라고도 하였다.

역할놀이의 교육적 가치를 살펴보면 다음과 같다.

첫째, 유아는 자기중심적 사고에서 벗어나 사회성 발달을 이루게 된다.

역할놀이를 통하여 유아는 다른 유아들과 상호작용을 하며 협동기술을 배우고, 자신이 맡은 역할에 동일시(同一視)함으로써 사회적 역할학습은 물론, 자기중심성에서 벗어나 사회성 발달을 이루게 된다.

둘째, 유아는 다양한 역할놀이를 통해 자신의 내면에 잠재해 있는 부정적 감정을 발산시키고 긴장을 이완시켜 정서적 안정을 찾을 수 있게 된다.

셋째, 추상적 사고력과 문제해결력이 발달된다.

유아는 실제 사건이나 인물의 모방뿐만 아니라, 가상적인 상황과 역할을 상상하고 놀이하면서 추상적 사고력과 문제해결력 등 지적 발달을 이루게 된다.

넷째, 역할놀이를 통해 유아의 창의력이 발달된다.

놀이 내용을 자유롭게 구성하고 표현하면서 여러 가지 경험이나 생각, 느낌을 새롭게 창조하는 기회를 통해 창의력이 증진된다.

다섯째, 언어적 표현력이 증진된다.

역할놀이를 통하여 유아는 다른 유아들과 언어적 상호작용을 하며 의사소통 기술이나 어휘력은 물론, 쓰기와 읽기의 기초능력이 발달하게 된다.

2. 환경구성

소꿉놀이(가족놀이), 극놀이 등이 이루어지는 이 영역은 유아들의 움직임이 많으므로 활동적인 영역과 인접하여 배치한다. 특히 쌓기놀이 영역과 가깝게 배치하여 통합된 놀이를 유도할 수 있다. 역할놀이 영역의 환경구성을 연령별로 제시해 보고자 한다.

1) 만 3세

만 3세 유아는 가정 생활에 연관된 역할놀이를 주로 함으로써 소꿉놀이(가족놀이)에 필요한 교재 · 교구를 제공해 준다. 특히, 실물이나 실물과 유사한 교재 · 교구, 예를 들어 모형음식, 실물과 비슷하며 눈과 팔다리 등이 부분적으로 움직이는 인형류를 제공해 주며, 너무 많은 교재 · 교구는 부적합하므로 적정량의 교재 · 교구를 제공해 준다. 가정과 같은 아늑한 분위기를 조성하는데 필요한 가리개, 간이 커튼 등을 준비한다.

2) 만 4세

유아들이 일상생활에서 쉽게 접할 수 있는 다양한 역할을 놀이로 표현해 볼 수 있도록 실물이나 실물과 유사한 역할놀이 용품(병원놀이, 가게놀이, 음식점놀이, 선생님놀이 등)을 제공한다. 기존의 교재 · 교구를 다양한 용도로 창의적으로 활용하도록 격려한다(예 : 농구골대를 미장원 머리 말리는 기구로 활용). 정리 정돈에 도움이 되도록 각 교재 · 교구의 위치 표시를 그림이나 글자로 해 놓는다.

3) 만 5세

유아들이 다양한 역할놀이를 해 볼 수 있도록 실물이나 실물과 유사한 역할놀이 용품을 제공한다(크기를 축소시켜 놓은 소형인형과 인형옷, 가구, 다양한 직업과 사회구성원의 역할 뿐만 아니라 남녀 유아가 함께 참여할 수 있고, 상상적 놀이내용에 적합한 교재 · 교구를 비치). 역할놀이에 필요한 소품을 유아 스스로 만들어 사용할 수 있도록 자료를 제공한다(예 : 의사 반사경, 간호사 모자, 종이생선, 과일, 돈). 역할놀이에 필요한 규칙을 의논하여 기록한 규칙판이나 사진, 그림자료 등을 벽에 붙여 놓는다.

3. 역할놀이의 발달단계

역할놀이는 유아가 성장함에 따라 단계별로 발달되는데, 그것을 도표화하면 다음과 같다.

기 준	초보단계	진보된 단계
역 할 · 역할의 선택 · 역할놀이 방법	엄마, 아빠, 맘마, 동물이름 등과 같은 친숙한 단어를 이해하려는 시도와 관련된 역할	세계를 이해하고 분류하려는 시도와 관련된 역할–소방관, 경찰, 의사 등
	한두 가지 역할의 모방–난 엄마야, 하고 말하면서 아기를 토닥거린 후 금방 역할놀이 영역을 떠난다.	역할놀이의 개념확장–난, 엄마야라고 알린 후 아기에게 음식을 먹이고 신문을 읽고 전화를 한다.

소 품 · 필요한 소품 · 도구사용방법	실제 물건이나 모조품 사용-실물 전화기 혹은 장난감 전화기	비구조적인 놀잇감(블록을 전화기로 사용)이나 자신의 신체(손을 귀에 대고 전화거는 흉내)를 소품으로 사용한다.
	조작적으로 사물을 가지고 노는 것을 좋아한다.-수화기를 들고 다이얼을 돌린다.	도구를 놀이의 한 부분으로 사용-아기가 아플 때 의사를 부르기 위해 전화를 사용한다.
가 작 화	성인의 간단한 행동을 흉내내기-다리미를 앞뒤로 움직이고, 수화기를 귀에 댄다.	유아행동은 가상놀이 극본의 일부분이다.-난 이 옷을 다림질하고 있어. 오늘밤 파티에 이걸 입고 갈거야.
시 간	잠깐씩 참여하기-역할놀이 영역에 들어가서 인형을 가지고 놀고 모자를 써 보고 영역을 떠난다.	10분 이상 역할 영역에 머무르기-일화나 주제를 통한 놀이에 실제적으로 참여한다.
상호작용	혼자놀기-다른 사람을 의식하지 않고 혼자 논다.	· 기능적 활동-다른 유아와 소품을 나누고, 함께 놀고 싶을 때 여러 번 다른 유아와 상호작용을 한다. · 협동적인 노력-다른 사람과 함께 일하는 이익을 인식하며 협동적으로 역할을 수행한다
언어적 의사소통	언어표현은 장난감을 갖고 놀 때 이루어진다. "전화기를 나에게 갖고 와", "내가 먼저 맡았다."	놀이주제와 놀이역할에 대해 계속 대화를 나눈다.-음식점 놀이에서 "너는 무얼 먹고 싶니?", "햄버거 있어요?" "우리는 햄버거, 감자튀김, 콜라."

* 출처 : Dodge & Colker, 1996, p. 122~123.

4. 놀이지도 시 교사의 역할

첫째, 관찰자로서의 교사의 역할이다.

교사가 역할놀이를 지도하기 위해서는 유아들이 역할놀이에 참여하는 과정에서 많이 활용하는 놀잇감은 무엇이며, 상호작용은 어떻게 일어나고, 가장 좋아하는 놀이 주제는 무엇인가에 관심을 기울인다. 또한 어떤 유아들이 참여하며, 어떤 역할을 하는가를 관찰하고, 놀이를 확장하기 위하여 필요한 도움이나 자료는 어떤 것인가를 관찰하여 소품을 준비해 주도록 한다.

둘째, 계획자로서의 교사의 역할이다.

역할놀이의 주체자는 유아이지만 교사는 역할놀이의 질을 높이기 위해서 사전에 교수방법과 환경구성에 대한 계획을 세워 놓아야 한다. 또한 교사는 놀이의 주제가 될 수 있는 새로운 사건이나 인물에 대하여 이야기 나누기나 그림책 제시하기, 동화 들려주기, 견학이나 자원인사 활용 등의 방법으로 놀이지도를 계획하여 지도한다.

셋째, 안내자로서의 교사의 역할이다.

교사는 역할놀이를 잘 이끌어 나가는 안내자의 역할로 유아들에게 훌륭한 모델을 보여주고, 타인의 생각이나 견해를 접해 볼 수 있는 기회를 제공해 주고 상대방을 편안하게 해 주는 정서적 후원자가 되어야 한다.

넷째, 놀이참여자로서의 교사의 역할이다.

교사는 역할놀이가 잘 진행될 수 있도록 적절한 질문을 하거나 의견을 제시할 수 있으며, 때로는 놀이의 한 구성원으로서 참여하여 놀이에 참여하지 못하거나 소극적인 유아를 적절히 도와주어야 한다.

5. 활동의 실제

1) 병원놀이

생활주제 : 우리동네

활동목표

1. 여럿이 함께 다양한 방법으로 역할놀이를 해 본다.
2. 병을 예방하고 치료하는 기관이 있음을 안다.
3. 병원놀이에 적극적으로 참여한다.

교육과정 관련요소

2007 개정 유치원교육과정

☞ 건강생활 : 건강하게 생활하기-질병예방하기
☞ 사회생활 : 이웃과 더불어 생활하기-다른 사람을 이해하고 존중하기
☞ 탐구생활 : 과학적 기초능력 기르기-간단한 도구와 기계 활용하기

5세 누리교육과정

☞ 신체운동 · 건강 : 건강하게 생활하기-질병예방하기
☞ 사회관계 : 다른 사람과 더불어 생활하기-친구와 사이좋게 지내기
☞ 자연탐구 : 과학적 탐구하기-간단한 도구와 기계 활용하기

활동자료

의사가운, 간호사 옷, 병원놀이 세트 혹은 실물 자료(청진기, 바늘을 뺀 주사기),

혈압계, 체온계, 가위, 핀셋, 붕대, 반창고, 약병, 페트병으로 만든 링거병, 반사경, 진료 카드, 의료보험 카드, 병원 간판, 체중계, 신장계, 필기구, 약봉지 등

활동방법

① 병원에 가 본 경험을 이야기 나눈다(사전에 병원을 견학해 보는 것도 좋다.).
- 병원에 가 본 적이 있니? 왜 갔었니?
- 병원에 갔을 때 어떤 일이 있었니?
- 왜 병이 났을까?

② 병원놀이를 위해 준비해야 될 것들에 대해 이야기 나눈다.
- 병원을 어디에 만들까?
- 병원놀이를 하려면 무엇이 필요할까?
- 병원 이름은 무엇으로 할까?
- 어떻게 치료하기로 할까? 고칠 수 있을까?
- X-Ray를 찍는 곳은 어디에 만들까?

③ 병원놀이에 필요한 자료 및 병원 이름 등을 유아들과 협의하여 병원을 꾸며 본다.

④ 각자 역할을 정해 병원놀이를 한다.
- 병원에는 어떤 사람들이 있지?
- 누가 의사 선생님이 되어 보겠니?
- 간호사는 누가 할까?
- 아픈 사람은 누가할까?
- 약사는 누가할까?

⑤ 맡은 역할놀이가 끝난 후 경험한 느낌을 이야기해 본다.

참 고

① 병원놀이를 할 때 병원의 종류(치과, 안과, 소아과, 내과, 정형외과, 산부인과)에 대해 알아보고 각 병원의 역할을 알아본 후 전문병원으로 분리하여 놀이할 수도 있다.

② 병원놀이의 전개에 따라 119구조대 놀이 등과 연결하여 확장할 수 있다.

③ 놀이에 사용하는 약은 초콜릿이나 주스가루로 하고, 놀이할 때 사용하는 약과 실제약을 구분할 수 있도록 주의시킨다.

④ 미술 영역에서는 진료 카드, 의사 이름표, 병원과 진료 과목 간판, 의료보험 카드와 간호사 모자, 의사 반사경, 약 등을 만들 수 있도록 계획한다.

〈진료 카드〉

이름 : (남, 여) 살		
날 짜	아픈 곳	치 료
		약 ( ) 주사( ) 검사( )

〈의료보험 카드〉

의료보험증 · 이름 : · 나이 : · 주소 :	

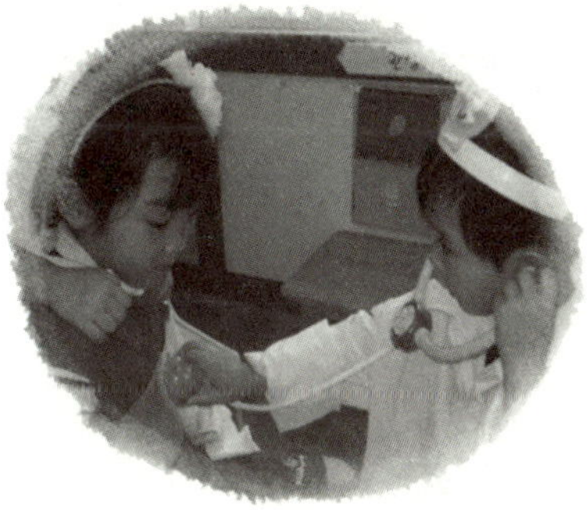

2) 미용실놀이

생활주제 : 우리동네

활동목표

1. 여러 가지 재료와 도구를 이용하여 머리를 장식하여 본다.
2. 미용실에서 미용사가 하는 일에 대하여 안다.

교육과정 관련요소

2007 개정 유치원교육과정

☞ 사회생활 : 이웃과 더불어 생활하기-다른 사람을 이해하고 존중하기
☞ 사회생활 : 사회현상에 관심 가지기-주변 지역에 관심 가지기
☞ 언어생활 : 말하기-생각과 느낌 말하기
☞ 탐구생활 : 과학적 기초능력 기르기-물체와 물질에 대해 알아보기

5세 누리교육과정

☞ 의사소통 : 말하기 : 상황에 맞게 바른 태도로 말하기
☞ 사회관계 : 사회에 관심 갖기-지역사회에 관심 갖고 이해하기
☞ 자연탐구 : 과학적 탐구하기-물체와 물질 알아보기

활동자료

여러 종류의 유아 헤어 모델 사진(화보, 잡지), 큰 거울, 손거울, 헤어 드라이기, 모형 가위, 다양한 모양의 빗(크기, 모양, 색상), 머리핀, 노란 고무줄, 보자기, 여러 종류의 가발, 미용사의 앞치마, 샴푸통, 분무기, 퍼머도구, 수건, 염색약 등

활동방법

① 미용실에 가 본 경험에 대하여 이야기를 나눈다.
- 미용실에서는 어떤 일을 할까?
- 어떤 재료를 사용해서 머리를 할까?

② 미용실을 어떻게 꾸밀 것인가에 대해 의논한 후 유아들끼리 서로 협동하여 미용실을 예쁘게 꾸민다.

③ 역할을 정하여 미용실놀이를 한다(미용사, 손님, 주인).

④ 맡은 역할놀이가 끝난 후 경험한 느낌을 이야기해 본다.

참 고

① 일회용 라면 용기에 색털실과 신문지, 비닐끈 등을 이용하여 여러 종류의 가발을 만들어 그것을 이용해 "헤어쇼"를 해 볼 수도 있다.

② 미용사는 남녀 구별 없이 일할 수 있는 직업임을 알 수 있도록 하여 성역할 고정관념을 가지지 않도록 한다.

3) 시장놀이

생활주제 : 우리동네

활동목표

1. 물건을 살 때 지켜야 할 좋은 구매 태도를 안다.
2. 화폐의 필요성을 안다.

교육과정 관련요소

2007 개정 유치원교육과정

☞ 사회생활 : 이웃과 더불어 생활하기-다른 사람을 이해하고 존중하기
☞ 사회생활 : 사회현상에 관심 가지기-주변 지역에 관심 가지기
☞ 사회생활 : 사회현상에 관심 가지기-경제생활에 관심 가지기
☞ 언어생활 : 듣기-바른 태도로 듣기
☞ 언어생활 : 말하기-바른 태도로 말하기

5세 누리교육과정

☞ 의사소통 : 말하기 : 상황에 맞게 바른 태도로 말하기
☞ 사회관계 : 사회에 관심 갖기-지역사회에 관심 갖고 이해하기

활동자료

모형 돈, 계산기, 금고, 상품모형, 그림이나 잡지에서 시장놀이에 필요한 물건 만들어 사용하거나 빈 깡통, 과자상자, 우유팩 등 진열사용, 전화기, 봉투, 가격표, 저울 등

활동방법

① 시장이나 슈퍼마켓 견학을 가기 전에 다 함께 모여 이야기를 나눈다.
- 시장이나 슈퍼마켓을 가 본 적이 있니?
- 언제 가 보았니?
- 시장이나 슈퍼마켓에는 어떤 가게와 물건들이 있을까?
- 물건을 살 때는 무엇이 필요할까? (화폐)

② 시장이나 슈퍼마켓을 견학한 후 시장놀이 계획을 세운다.
- 시장에는 어떤 가게들이 있었니?
- 시장놀이를 할 때 어떤 가게들을 만들까?
- 정해진 가게를 만들기 위해 책상과 의자를 어떻게 배치하면 좋을까?
- 물건을 파는 사람과 사는 사람은 몇 명으로 어떻게 정할까?

③ 정해진 유아들끼리 협력하여 필요한 소품(가게 이름, 상품모형 등)을 준비한다.

④ 물건에 따라 가격은 얼마로 할 것인지에 대해 이야기 나눈다.

⑤ 물건을 살 때 지켜야 할 약속(예 : 좋은 구매 태도)에 대하여 이야기 나눈다.
- 가게에 들어갔을 때 어떻게 인사해야 할까?
- 가게에 있는 물건들을 함부로 만지고, 물건이 많이 쌓여 있을 때, 밑에 있는 물건을 집었을 때 쌓여 있는 물건이 어떻게 될까?

⑥ 시장놀이를 한다.

⑦ 각각의 맡은 역할들은 친구들과 서로 바꾸어 역할을 해 봄으로써 물건을 살 때 지켜야 할 좋은 구매 태도를 경험한다.

⑧ 맡은 역할놀이가 끝난 후 경험한 느낌을 이야기해 본다.

참 고

실제로 "슈퍼마켓에서 필요한 물건 사 오기" 놀이를 할 수 있다.

4) 결혼식놀이

생활주제 : 나와 가족

활동목표

1. 친구와 함께 극놀이를 해 봄으로써 언어적 표현력을 기른다.
2. 나와 다른 사람의 의견에 차이가 있음을 알고 의논하여 결정한다.

교육과정 관련요소

2007 개정 유치원교육과정

☞ 사회생활 : 가족과 함께 생활하기-가족과 화목하게 지내기
☞ 사회생활 : 이웃과 더불어 생활하기-다른 사람을 이해하기 존중하기
☞ 사회생활 : 사회현상에 관심 가지기-다양한 문화에 관심 가지기
☞ 표현생활 : 예술적 표현 즐기기-극놀이로 표현하기
☞ 언어생활 : 듣기-바른 태도로 듣기
☞ 언어생활 : 말하기-바른 태도로 말하기

5세 누리교육과정

☞ 의사소통 : 말하기 : 상황에 맞게 바른 태도로 말하기
☞ 사회관계 : 가족을 소중히 여기기-가족과 화목하게 지내기
☞ 사회관계 : 다른 사람과 더불어 생활하기-친구와 사이좋게 지내기
☞ 예술경험 : 예술적 표현하기-극놀이로 표현하기

활동자료

전통혼례복(사모관대, 족두리 등), 고무신, 병풍, 탁자, 면사포, 드레스, 양복, 구

두(남자, 여자), 꽃다발, 모조음식(케이크, 떡, 음료), 전통혼례와 서양식 결혼식 사진 등

활동방법

① 역할놀이 영역에 준비된 전통혼례복 또는 면사포와 꽃다발을 유아들에게 소개해 준다.
- 이것들은 무엇을 할 때 필요한 물건이니?
- 이것의 이름은 무엇일까?
- 누가 사용하는 물건일까?
- 이것을 가지고 어떤 놀이를 할 수 있을까?

② 유아들 스스로 의논하여 놀이가 진행되지 못할 경우 교사는 역할놀이를 선택한 유아들과 결혼식놀이를 계획한다.

③ 결혼식에 가 본 경험이 있는 유아의 이야기를 들어 본다.
- 어디에서 결혼식을 보았니?
- 그 곳은 어떻게 생겼니?
- 신랑과 신부는 어떤 모습을 하고 있었니?
- 사람들은 왜 그 곳에 왔을까?

④ 유아들과 이야기를 나눈 후 결혼식놀이를 진행한다.
- 우리가 결혼식놀이를 하려면 누가 있어야 할까?
  (사회자, 주례 아저씨, 드레스 펴 주는 사람, 사진 찍어 주는 사람, 신랑, 신부, 축하객, 피아노 치는 사람 등)
- 결혼식놀이에 필요한 것은 또 무엇이 있을까?
- 어디에서 결혼식을 올릴까?

⑤ 유아들이 놀이를 진행하는 동안, 교사는 유아들이 놀이에 적극적으로 참여할 수 있도록 돕는다.

참 고

결혼식놀이가 끝난 후 자연스럽게 소꿉놀이(가족놀이)로 연결해 활동할 수 있다.

5) 방송국놀이

생활주제 : 우리 동네

활동목표

1. 방송국에서 하는 일에 관심을 가진다.
2. 뉴스를 제작하는 과정을 안다.
3. 뉴스를 만들어 본다.

교육과정 관련요소

2007 개정 유치원교육과정

☞ 사회생활 : 사회현상에 관심 가지기-주변지역에 관심 가지기
☞ 표현생활 : 예술적 표현 즐기기-극놀이로 표현하기
☞ 언어생활 : 듣기-바른 태도로 듣기
☞ 언어생활 : 말하기-바른 태도로 말하기
☞ 탐구생활 : 과학적 기초능력 기르기-간단한 도구와 기계 활용하기

5세 누리교육과정

☞ 의사소통 : 말하기-낱말과 문장으로 말하기
☞ 사회관계 : 사회에 관심 갖기-지역사회에 관심 갖고 이해하기
☞ 예술경험 : 예술적 표현하기-극놀이로 표현하기
☞ 자연탐구 : 과학적 탐구하기-간단한 도구와 기계 활용하기

활동자료

아나운서 : 마이크, 종이, 연필 등

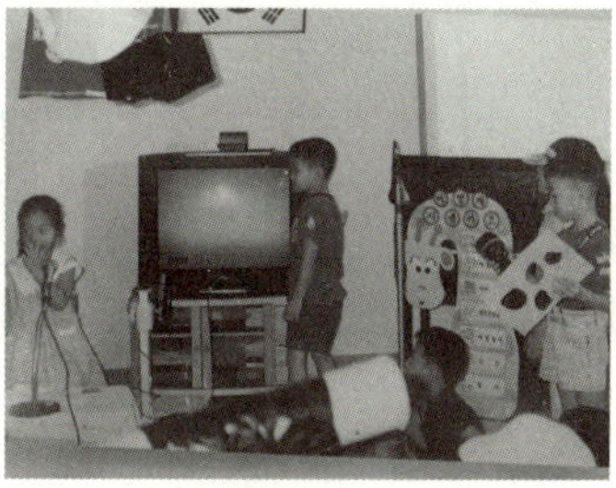

카메라맨 : 카메라, 플래시, 사각대, 스크린(배경판) 등
조명기사 조명기구(손전등, 환등기, 색샐로판지 등)
출연자 분장소품(의류, 화장도구, 가발, 액세서리 등)

활동방법

① 방송국과 관련된 유아의 경험에 대하여 이야기 나눈다.
- 방송국에 가 본 적이 있니?
- 방송국은 무엇을 하는 곳일까?
- 방송국에 가면 무엇을 볼 수 있을까?

② 방송국에서 사용하는 도구와 기계에는 어떤 것들이 있는지 알아본다.
(카메라, 마이크, 헤드폰, 조명기구 등)

③ 방송국 놀이를 계획한다.
- 방송국 놀이를 하려면 어떻게 하면 좋을까?
(우리도 시간대별 프로그램을 짜요. 뉴스, 일기예보, 노래, 광고 등)
- 뉴스 시간에는 아나운서를 어떻게 정할까? 무슨 내용으로 하면 좋을까?
(여자 아나운서와 남자 아나운서가 나와 우리들에게 동화 대본을 들려주었으면 좋겠어요)

④ 프로그램의 종류가 다 짜여지면 거기에 맞추어 필요한 소품과 무대 장치(일기예보판, 뉴스 동화대본 등)를 꾸민다.

⑤ 카메라맨, 아나운서, 조명기사 등의 역할을 정하여 프로그램을 진행하여 방송국 놀이를 한다.

⑥ 각자 맡은 역할놀이를 한 후 경험한 느낌을 이야기해 본다.

참 고

① 다른 반 친구들을 초청하여 방청할 수 있는 기회를 만든다.

② 다른 반 친구들을 인터뷰하고 인터뷰한 내용을 글이나 말로 표현할 수 있다.

6) 자동차 정비놀이

생활주제 : 교통기관

활동목표

1. 자동차의 모양과 구조를 안다.
2. 교통안전을 위해서는 자동차 정비가 필요하다는 것을 안다.

교육과정 관련요소

2007 개정 유치원교육과정

☞ 건강생활 : 안전하게 생활하기-고통안전 규칙지키기
☞ 건강생활 : 안전하게 생활하기-위험한 상황을 알고 대처하기
☞ 탐구생활 : 과학적 기초능력 기르기-간단한 도구와 기계 활용하기

5세 누리교육과정

☞ 자연탐구: 수학적 탐구하기-공간과 도형의 기초개념 형성하기
☞ 예술경험: 예술적 표현하기-미술활동으로 표현하기

활동자료

공구세트(플라스틱 망치, 드라이버, 스패너 등), 장난감 견인차, 여러 종류의 자동차, 공기 주입기 등

활동방법

① 자동차를 고치는 곳에 가 본 경험이 있는지 이야기 나눈다.
- 자동차가 고장난 것을 본 적이 있니 ?

(타이어 펑크 난 자동차를 보았어요, 자동차 앞덮개를 열어 놓고 있는 것을 보았어요, 앞차가 갑자기 비상등을 켜고 멈추어 서 있는 것을 보았어요.)

- 자동차가 고장이 나면 어디로 갈까?
- 사고 나서 서 있는 자동차는 어떻게 움직일까?

  (견인차가 와서 사고난 자동차를 끌고 가요.)
- 자동차 고치는 곳은 무엇이라 부를까?

  (자동차 병원, 차 병원, 정비공장, 카센터, 공업사 등)

② 카센터 혹은 정비공장에서 일하는 사람의 역할과 필요한 도구에 대해 이야기 나눈다.

- 타이어에 바람을 넣으려면 어떤 도구가 필요할까?

③ 자동차 정비놀이에 대한 계획을 세운다.

- 자동치 정비놀이를 하려면 누가 있어야 할까?

  (고장난 자동차의 주인, 자동차 고치는 사람 등)
- 자동차 수리하는 곳(움푹 파인 자동차를 망치로 두들겨 펴는 곳, 긁힌 자국에 페인트 칠하는 곳)과 수리가 끝나면 계산하는 곳(사무실)은 어디로 할까?
- 자동차 정비공장 이름은 무엇으로 할까?

④ 역할을 정하여 자동차 정비놀이를 한다.

⑤ 각자 맡은 역할놀이가 끝난 후 경험한 느낌을 이야기해 본다.

참 고

① 고장난 자동차를 운반하는 자동차 견인놀이로 확장 전이할 수 있다.

② 자동차 정비소 견학 후 자동차 정비놀이를 활동한다면 더욱 활발히 이루어질 수 있다.

제 2 장

쌓기놀이

1. 쌓기놀이의 정의 및 교육적 가치
2. 환경구성
3. 쌓기놀이의 발달단계
4. 쌓기놀이 자료의 종류
5. 놀이지도 시 교사의 역할
6. 활동의 실제

1. 쌓기놀이의 정의 및 교육적 가치

쌓기놀이란 다양한 종류의 모양, 색, 크기, 형태의 블록을 이용하여 유아가 상상하는 것, 즉 여러 가지 형태의 구조물을 구성해 보는 놀이이다. 이러한 쌓기놀이를 통하여 유아들에게 필요한 다양한 개념과 긍정적 자아개념이 발달할 수 있는 기회를 제공한다.

쌓기놀이가 갖는 교육적 가치를 구체적으로 살펴보면 다음과 같다.

첫째, 유아는 블록을 쌓고 무너뜨리는 과정을 통해 공격성이나 불안감, 질투, 정서적 긴장 등을 완화시켜 안정된 정서발달이 촉진된다.

둘째, 유아들끼리 협동하여 함께 블록을 구성하면서 서로 돕고 양보하며 다른 사람의 입장을 존중하여 주는 등의 사회적 기술도 발달하게 된다.

셋째, 유아 자신이 완성한 작품에 자신감과 성취감을 얻게 됨으로써 긍정적인 자아개념을 형성하게 된다.

넷째, 블록을 옮기고, 쌓는 과정을 통하여 유아의 신체 대 · 소근육과 눈과 손의 협응력이 발달하게 된다.

다섯째, 쌓기놀이를 통하여 유아들은 다양한 종류의 블록을 가지고 구조물을 만드는 가운데 수학적 학습의 기초가 되는 형태, 크기, 길이, 높이, 수개념 등이 발달하게 된다.

여섯째, 쌓기놀이를 통해 과학학습의 기초과정인 관찰하기, 비교하기, 분류하기, 예측하기, 해석하기 등을 경험하게 된다.

일곱째, 유아 자신이 계획하는 형태나 작품을 설명하고 완성된 구조물을 발표하는 과정을 통하여 언어능력을 증진시킨다.

여덟째, 쌓기놀이를 통해 유아의 조형능력 및 창의력을 발달시킨다.

2. 환경구성

쌓기놀이 영역은 시끄럽고 소음이 발생되는 영역이므로 바닥에 카펫이나 자리를 깔아 소음을 줄임으로써 인접영역에 방해를 주지 않도록 한다. 역할놀이 영역과 인접하게 배치하여 공간을 넓게 확보하여 공간의 제한을 받지 않고 구성능력을 발휘하도록 한다. 연령별로 제시해 보면 다음과 같다.

1) 만 3세

3세 유아는 블록을 가지고 수평으로 늘어 놓거나 수직으로 탑쌓기, 다리 만들기 등의 단순한 구조물을 만든다. 따라서 만 3세 유아에게는 복잡한 형태의 블록보다는 정사각형, 직사각형, 정삼각형 등과 같이 기본 형태의 블록이나 종이벽돌 블록을 제공하는 것이 좋다. 만 3세 유아는 블록을 높이 쌓았을 때 무너질 것을 예견하는 능력이 발달되지 못하였으므로 안전을 위해 가능하면 스펀지나 우레탄 소재의 블록을 제공하는 것이 좋으며 구조물을 쉽게 만들 수 있도록 가볍고 커다란 블록을 제공하는 것이 바람직하다. 또한 만 3세 유아를 위한 블록은 종류를 다양하게 하기보다는 양을 충분하게 준비해 주는 것이 좋다. 실제형태와 유사한 소품, 예를 들어 끌고 다닐 수 있는 자동차, 물건을 실어나를 수 있는 끌차, 세울 수 있는 나무인형 종류, 좁고 길이가 다양한 널빤지를 제공해 준다.

2) 만 4세

4세 유아는 만 3세 유아에 비해 좀더 복합적인 입체 구조물을 만든다. 따라서 기본 형태 이외에 널반지, 원기둥과 같은 종류의 다양한 블록을 제공한다. 생활

주제에 따라 다양한 소품(동물이나 사람 모형, 각종 자동차와 교통표지판)을 제공한다. 상상력이 풍부해지는 만 4세 유아는 주변 인물을 모방하고, 동일시하는 놀이를 많이 함으로 역할놀이에 관련된 소품(운전대, 경찰모자 등)도 준비한다.

3) 만 5세

5세 유아는 쌓기놀이를 통하여 자신의 일상적 경험을 재구성할 뿐만 아니라, 경험하지 않은 세계를 표상하는 시기이므로 보다 다양한 소품(레미콘, 잠수함, 실패, 도르래 등)을 제공한다. 유아의 문제해결 능력과 창의적인 구성능력을 발달시키기 위해 교사가 제작한 다양한 블록(예 : 깡통블록, 우유곽블록 등)을 제공한다. 다양한 쌓기놀이 경험을 위하여 건축물 사진이나 쌓기를 위한 그림카드를 제공한다. 유아의 연령에 따라 사용하는 블록의 개수도 증가하므로 충분한 양의 블록을 제공해 준다.

3. 쌓기놀이의 발달단계

유아의 쌓기놀이를 활성화시켜 주기 위해서는 블록의 종류와 수량도 유아의 발달단계에 따라 적절히 준비해 주어야 한다. Johnson(1974)은 2~6세 유아가 블록을 놀이에 활용하는 과정을 다음과 같은 7단계로 설명하였다.

1) 제1단계 : 블록을 이리저리 옮기는 단계

2살쯤된 유아에게 블록을 주면 블록을 이리저리 옮기기만 하고, 주로 이 시기의 유아는 블록을 탐색하는 활동을 한다.

2) 제2단계 : 구조물을 만들기 시작하는 단계

이 단계에서 유아는 블록의 특성에 대한 탐색을 계속하며 블록을 수평으로 늘어 놓아서 줄을 만들거나 수직으로 쌓아서 탑을 만든다. 이 단계에서 흔히 나타나는 구조물인데 가끔 줄과 탑을 합친 구조물을 만들기도 한다. 그렇게 함으로써 각 블록의 특성을 이해하게 되고 쌓기에 필요한 기술을 익히게 된다.

3) 제3단계 : 다리(bridge)를 만드는 단계

이 단계의 유아들은 쌓기놀이 경험이 축적되어 복잡한 구조물 만들기가 가능한데 다리를 만드는 것은 두 개의 블록을 약간의 공간을 남기고 세우고 다른 하나의 블록을 연결하면서 균형, 안정, 블록의 길이에 대해 새로운 인식을 하게 되며 블록쌓기 기술도 증진된다.

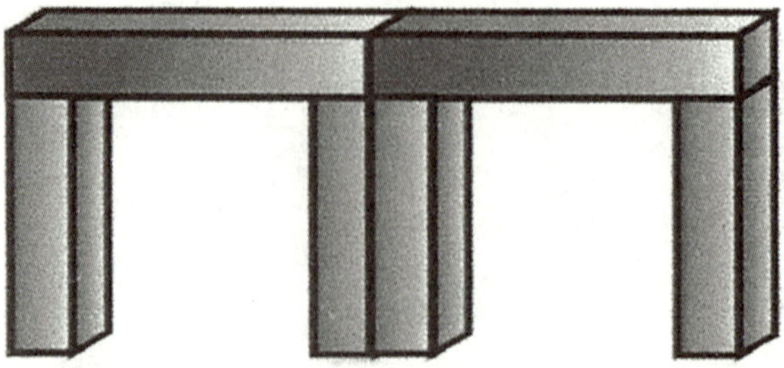

4) 제4단계 : 폐쇄(닫힌)공간을 만드는 단계

이 단계가 되면 유아는 블록을 가지고 폐쇄(닫힌)공간을 만들 수 있게 된다. 처음에는 단순히 폐쇄(닫힌)공간을 만들지만 아직 자신이 만든 구조물이나 형태에 어떤 이름이나 명칭을 붙이지 않는다.

5) 제5단계 : 장식적 패턴을 만드는 단계

이 단계의 유아는 블록을 다루는 능력이 발달함에 따라 폐쇄공간을 더욱 정교하게 구성하며, 균형을 맞추고 장식적인 패턴을 이용하여 훌륭한 디자인의 구조물을 만들 수 있게 된다.

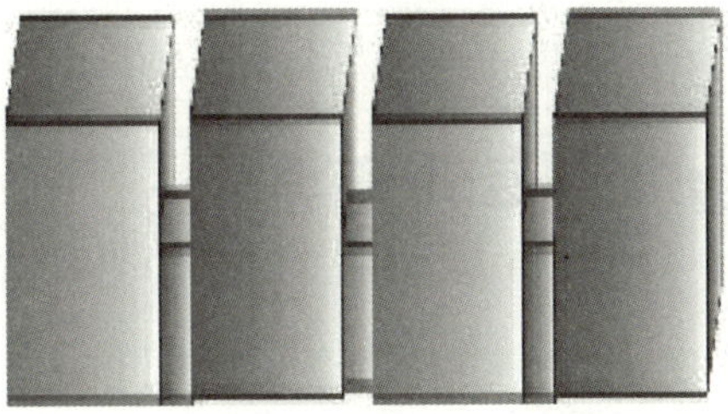

6) 제6단계 : 구조물에 이름을 붙이는 단계

이 단계의 유아는 블록으로 만든 구조물에 이름을 붙여 역할놀이에 사용한다. 즉, 어떤 구조물은 집이 되기도 하고, 어떤 구조물은 비행기, 자동차 등으로 명명하지만 구조물의 형태나 기능이 유아에 붙인 명칭과 밀접하게 연관되지는 못한다.

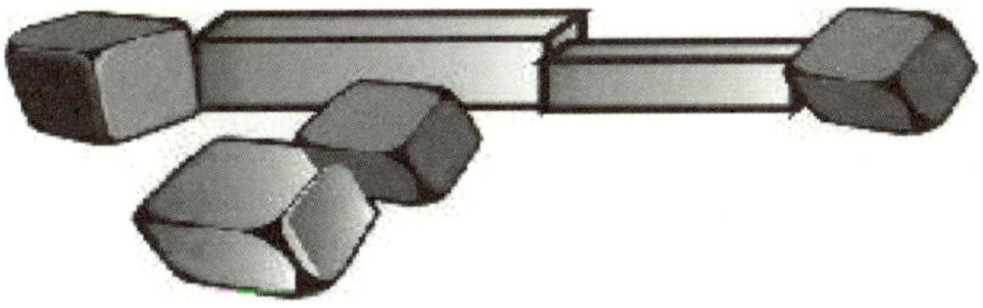

7) 제7단계 : 블록에 의한 표상이 활발한 단계

이 단계의 유아는 블록을 이용하여 실제와 비슷한 매우 정교하고 복잡한 구조물을 표상화할 수 있게 된다. 이 단계의 유아는 자신이 만든 대부분의 구조물을 사회극놀이를 위한 배경으로 사용하기도 한다.

4. 쌓기놀이 자료의 종류

1) 단위 블록(unit blocks)

단위 블록은 20C 초에 미국의 유아교육자 캐롤라인 프랫(Caroline Pratt)가 고안하였다. 단위 블록은 높이 3.5cm, 너비 7cm, 길이 14cm인 직사각형 블록을 기본단위로 하여, 다른 블록은 이 기본단위의 배수와 분수로 확대 또는 축소되어, 반단위, 2배단위, 4배단위 블록들과 그 밖의 원기둥, 사각기둥, 경사로, 곡면기둥 등의 블록으로 구성되어 있다.

2) 공간 블록(hollow blocks, 속이 빈 블록)

공간 블록은 단위 블록보다 크기가 크고, 속이 비어 있거나 상 · 하가 트여있는 블록으로 유아들이 구조물을 단시간에 완성시킬 수 있어 효과적이다.

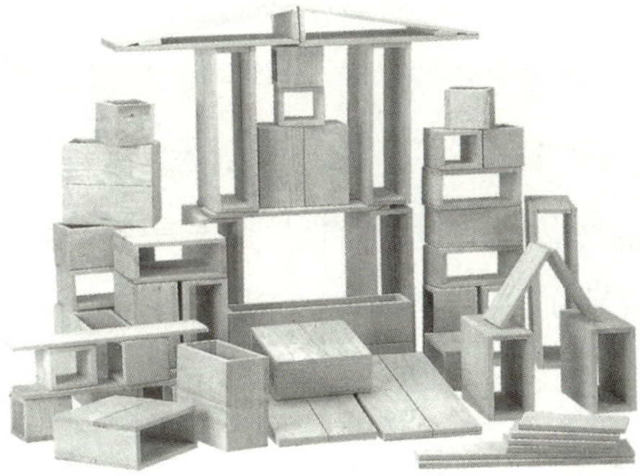

3) 종이벽돌 블록(cardboard blocks)

두꺼운 종이를 접어 만든 벽돌 형태의 블록으로서 두 종류의 크기로 되어 있다. 벽돌 형대로 만든 블록으로 장점은 가볍고 안전하며 소음이 생기지 않으나 단점으로는 구조물의 단순성을 들 수 있다.

4) 프뢰벨식 블록(Froebelian blocks)

프뢰벨이 고안한 은물(gifts) 중에 제 3, 4, 5, 6 은물은 나무로 제작된 블록이다. 즉, 제 3 은물은 한 변의 길이가 3㎝인 정육면체 블록 8개, 제 4 은물은 각 변의 길이가 3㎝, 1.5㎝, 6㎝인 직육면체 블록 8개, 제 5 은물은 한 변의 길이가 3㎝인 정육면체 21개와 이 정육면체를 대각으로 이등분한 삼각주 6개, 그리고 이 삼각주를 이등분한 작은 삼각주 12개 등 총 39개의 블록, 제 6 은물은 제 4 은물의 직육면체 블록 18개와 이 블록을 이등분한 작은 블록 6개, 그리고 각 변의 길이가 3㎝, 1.5㎝, 3㎝인 직육면체 12개 등 총 36개의 블록으로 구성되어 있다.

5) 플라스틱 블록

여러 형태의 플라스틱 조각을 서로 끼워서 구조물을 만들 수 있는 놀잇감을 말한다. 크기와 종류가 매우 다양하며 대량 생산되어 판매되고 있다.

종류 : 레고블록, 꽃블록, 눈송이블록, 다목적 블록, H블록 등이 있다.

6) 우레탄 블록

탄력성 있는 EVA 특수 스펀지로 제작되었기 때문에 가볍고 안전하게 놀이할 수 있다. 형태는 정육면체, 직육면체, 삼각기둥, 원기둥 등 다양하다.

5. 놀이지도 시 교사의 역할

쌓기놀이에서 교사가 유아들의 놀이를 관심있게 지켜보는 그 자체만으로도 유아들에게는 격려와 지원이 된다. 그러나 쌓기놀이에서의 보다 적극적인 교사의 역할은 자기중심적이며 주관적으로 조망하는 유아의 발달수준이나 능력을 파악하고 협동놀이로 발전되도록 구상, 계획해야 한다. 쌓기놀이에서의 교사역할을 구체적으로 살펴보면 다음과 같다.

첫째, 관찰자로서의 교사의 역할이다.

관찰은 적절한 개입의 시기의 방향을 판단하기 위하여 대단히 중요한 과정이다. 언제 도와주어야 할 것인가와 성인의 권위를 감소해야 할 시기를 결정하려면 면밀한 관찰이 요구되며, 또한 쌓기놀이를 하는 동안 자료의 선택, 가장 잘 노는 친구 등 문제상황의 해결, 의사소통의 정도 등을 관찰하는 기술 등이 여기에 포함된다.

둘째, 교사는 적절한 질문을 하거나 문제해결을 도와주는 조언자로서 유아의 쌓기놀이를 격려하고 강화하는 역할이다.

"네가 빌딩을 무너뜨리면 기분이 어떨까?"와 같은 질문이나 "다른 친구가 네 것을 빼앗아가면 어떻겠니?" 만약 목욕탕을 만들기로 할 때 "목욕탕에서 무엇을 보았니?"등의 질문으로 놀이의 흐름을 방해하지 않으면서 교사의 적절한 중재와 상호작용이 있을 때 유아들이 사고력과 구성능력을 더욱 발달시킬 수 있다.

셋째, 참여자로서의 역할이다.

쌓기놀이가 진행되는 과정에 교사가 직접 역할을 맡아 참여하게 되면, 놀이를 보다 의미있게 확장시킬 수 있다. 또한 어떤 개념이나 사실에 대하여 이해하도록 설명하고 교수함으로써, 유아의 경험을 재구성하도록 돕는 역할이다. 예를 들면, 성을 쌓았을 때 종치는 사람의 역할을 교사가 맡아 참여할 수도 있으며, 스펀지 적목을 이용해서 동네를 만들 때 스카치 테이프로 모든 것을 붙일 수 없음을 알게 되는 것도 유아에게는 새로운 사실을 발견하는 일이 된다.

넷째, 쌓기놀이에서 유아들 스스로 안전을 위한 규칙을 협의할 수 있는 기회를 제공하는 역할이다.

이러한 협의를 통하여 유아들은 쌓기놀이 영역에서의 적절한 인원, 안전문제, 놀이가 끝난 후 정리 정돈을 하도록 충분한 시간을 주고 릴레이식으로 옮기거나 수레로 운반하게 하여 유아가 자발적으로 정리 정돈에 참여하도록 유도한다.

6. 활동의 실제

1) 우리 동네 꾸미기

생활주제 : 우리동네

활동목표

1. 우리 동네의 모습과 특징을 알아보고 여러 가지 기관을 꾸민다.
2. 공간 지각력을 기른다.
3. 친구들과 협동심을 기른다.

교육과정 관련요소

2007 개정 유치원교육과정

☞ 사회생활 : 사회현상에 관심 가지기-주변 지역에 관심 가지기

☞ 탐구생활 : 수학적 기초능력 기르기-공간 및 도형에 대해 알아보기

5세 누리교육과정

☞ 사회관계 : 다른 사람과 더불어 생활하기-친구와 사이좋게 지내기

☞ 자연탐구 : 수학적 탐구하기-공간과 도형의 기초개념 형성하기

활동자료

플라스틱 끼우기 블록, 단위블록, 동네지도, 우리 동네 여러 기관 소품, 쌓기놀이 소품(나무모형, 사람모형, 자동차, 교통표지판 등), 큰 종이, 사진자료(예 : 동네 돌아보기할 때 찍은 도로나 건물의 사진들) 등

활동방법

① 유아들과 동네 돌아보기를 한 후 그때 찍은 사진 자료를 보며 이야기를 나눈다.

- 우리 동네 이름은 무엇일까?
- 우리 동네에는 어떤 곳이 있었니?
- 이곳은 무엇을 하는 곳일까?

② 동네 돌아보기를 한 후, 쌓기놀이에서 교사가 동네 꾸미기를 제안한다.

- 우리 동네를 꾸며 보면 어떨까?
- 어떤 것을 이용해서 만들까?
- 길은 무엇으로 만들까?

③ 유아들이 다양한 쌓기 자료들을 이용하여 우리 동네를 꾸민다.

- 유치원 앞에는 어떤 건물이 있었니?
- 병원 건물은 어떻게 만들까?
- 우리 동네 놀이터는 어디에 꾸밀까?
- 나무는 어디에 세울까?

④ 놀이 후 꾸며진 동네를 감상하고, 실제로 놀이하며 서로의 의견을 교환한다.

- 우리 동네에 없어서 불편한 것은 무엇일까?

참 고

쌓기놀이에서 "우리 동네 꾸미기"를 한 후 "가게놀이", "소방관놀이" 등의 다양한 역할놀이로 연결할 수 있다.

2) 동물원 꾸미기

생활주제 : 동식물과 자연

활동목표

1. 동물원 꾸미기를 통하여 창의적인 조형활동을 한다.
2. 친구들과 협동하는 태도를 기른다.

교육과정 관련요소

2007 개정 유치원교육과정

☞ 사회생활 : 이웃과 더불어 생활하기-다른 사람을 이해하고 존중하기

☞ 사회생활 : 사회현상에 관심 가지기-주변지역에 관심 가지기

5세 누리교육과정

☞ 사회관계 : 다른 사람과 더불어 생활하기-친구와 사이좋게 지내기

☞ 사회관계 : 사회현상에 관심 갖기-지역사회에 관심 갖고 이해하기

활동자료

동물 모형, 상자, 여러 가지 종류의 블록, 동물원 사진이나 그림 등

활동방법

① 사전에 동물원 견학을 다녀오거나 동물원 사진이나 그림을 보고 동물원에 대한 이야기를 나눈다.
- 여기가 어디일까?
- 동물원에 갔을 때 어떤 동물들이 있었니?

② 동물원을 만들기로 하고 무엇으로 어떻게 만들지 이야기 나눈다.
- 어떤 동물의 집(우리)을 만들까?
- 코끼리가 사는 집은 어떤 블록으로 만들까?

③ 여러 가지 동물(물에 사는 동물, 하늘을 나르는 동물, 땅에 사는 동물) 우리의 위치를 정하고 블록으로 우리를 만든다.
- 새가 사는 우리는 어디에 만들까?
- 하마가 살 수 있도록 하려면 무엇으로 만들어야 할까?

④ 동물원의 형태를 만든 후 동물 인형을 세운다.

⑤ 다 만든 동물원은 어떻게 할지에 대해 이야기 나눈다.
- 이 동물원은 어떻게 할까?

참 고

① 동물원의 동물들은 조형영역에서 만든 것을 활용할 수 있다.

② 동물원 역할놀이로 확장할 수 있다.

3) 내 키만큼 쌓아요

생활주제 : 나와 가족

활동목표

1. 사물들의 높이를 비교한다.
2. 소근육을 이용한 활동을 능숙하게 한다.
3. 블록쌓기를 통해 친구와 도움을 주고받는다.

교육과정 관련요소

2007 개정 유치원교육과정

☞ 건강생활 : 나의 몸 인식하기-나의 몸을 인식하고 움직이기

☞ 탐구생활 : 수학적 기초능력 기르기-기초적인 측정해 보기

5세 누리교육과정

☞ 신체운동·건강 : 신체 인식하기-신체를 인식하고 움직이기

☞ 자연탐구 : 수학적 탐구하기-기초적인 측정하기

활동자료

종이벽돌, 우레탄 공간블록, 색테이프 등

활동방법(Ⅰ)

① 쌓기영역에 있는 여러 종류의 블록을 살펴본다.

- 어느 블록으로 높이 쌓으면 잘 쓰러지지 않을까?

② 잘 쓰러지지 않는 블록을 고른 후, 하나씩 가능한 한 높이 쌓게 한다.

③ 쌓은 블록의 높이를 자기 키와 비교해 본다.

- 블록 옆에 서 보자.

- 너의 키와 블록의 높이를 비교해 보자.

④ 유아의 키와 블록의 높이를 비교해 본 후, 정리하는 방법에 대해 이야기한다.
- 어떻게 정리하면 될까?
- 블록을 무너뜨리지 않고 쌓기놀이 영역에 정리하려면 어떻게 해야 될까?

활동방법(II)

① 유아들의 키를 재어 그 키만큼 색테이프를 잘라 쌓기 영역 한 벽면에 붙인다.

② 쌓기놀이 영역에 있는 여러 종류의 블록을 살펴본다.
- 어느 블록으로 쌓으면 잘 쓰러지지 않을까?

③ 잘 쓰러지지 않는 블록을 고른 후, 자기의 키만큼 붙어져 있는 테이프의 높이와 같게 블록을 쌓아본다.

④ 친구의 키만큼 쌓은 블록과 비교해 본다.
- 친구가 쌓은 블록과 네 블록의 높이는 어떠하니?
- 어느 블록이 더 높니?
- 네 키만큼 쌓는데 블록이 몇 개 필요했니?

⑤ 교실에 있는 다른 물건들의 높이와 비교해 본다.
- 네 키만큼 쌓은 블록의 높이는 교구장보다 어떻니?
- 네 키만큼 쌓은 블록의 높이와 같은 것은 무엇이니?

⑥ 높이 쌓은 블록을 제자리에 정리하는 방법을 생각해 본다.
- 높은 곳에서부터 하나씩 블록을 내려 놓는다.
- 한꺼번에 무너뜨리지 않는다.
- 내려 놓은 블록은 모양과 크기에 따라 정해진 곳에 정리한다.

4) 숲 속 꾸미기

생활주제 : 환경과 생활

활동목표

1. 주변 환경의 소중함을 안다.
2. 블록으로 공원이나 숲 속 등 자연 환경을 꾸며 본다.

교육과정 관련요소

2007 개정 유치원교육과정

☞ 표현생활 : 아름다움 찾아보기-예술적 요소 찾아보기

☞ 탐구생활 : 과학적 기초능력 기르기-생명체와 자연환경 소중하게 여기기

5세 누리교육과정

☞ 예술경험 : 아름다움 찾아보기-미술적 요소 탐색하기

☞ 자연탐구 : 과학적 탐구하기-생명체와 자연환경 알아보기

활동자료

종이벽돌, 단위블록, 세울 수 있는 나무, 꽃, 풀, 동물인형 등

활동방법

① 숲 속이나 공원에서 산책했던 경험을 기억하면서 이야기를 나눈다.

- 숲 속이나 공원에는 무엇이 있을까?

  (나무, 꽃, 풀, 새, 여러 가지 곤충, 동물, 의자, 쓰레기통 등)

- 우리가 가 보았던 공원을 블록으로 꾸며 보기로 하자.

② 여러 가지 소품을 이용하여 꾸며 보도록 한다.

- 나무는 어디에 세울까?
- 나무는 무엇으로 꾸밀 수 있을까?
  (긴 기둥 위에 세모 모양을 올려놓을래요.)
- 풀과 꽃은 어디에다 만들면 좋을까?
- 새는 어떤 나무에 앉아 있다고 할까?
- 앉아서 쉴 수 있는 의자는 어디에 만들까?
- 사슴이랑 토끼는 어디에서 산다고 할까?

참 고

유아가 살고 있는 집과 길도 함께 꾸며서 숲 속이나 공원에 소풍가는 놀이로 확장한다.

5) 건물을 지어 보세요

생활주제 : 생활 도구

활동목표

1. 형태 식별력을 기른다.
2. 블록을 이용하여 건물을 다양하게 구성한다.
3. 나와 다른 사람의 의견에 차이가 있음을 알고 의논하여 구성한다.

교육과정 관련요소

2007 개정 유치원교육과정

☞ 사회생활 : 이웃과 더불어 생활하기-다른 사람을 이해하고 존중하기

☞ 탐구생활 : 수학적 기초능력 기르기-공간 및 도형에 대해 알아보기

5세 누리교육과정

☞ 사회관계 : 다른 사람과 더불어 생활하기-친구와 사이좋게 지내기

☞ 자연탐구 : 수학적 탐구하기-공간과 도형의 기초개념 형성하기

활동자료

종이벽돌, 유니트 블록, 2~3가지의 건물 그림 등

활동방법(I)

① 벽면에 붙인 건물 그림을 보며 질문한다.

- 무슨 모양 같니?
- 무엇으로 집 모양을 만들 수 있을까?

② 그림과 같은 모양과 크기의 블록을 찾아 벽에 대고 쌓는다.

활동방법(II)

① 벽면에 붙인 건물 그림을 보고 여러 가지 블록을 이용하여 건물 모양을 만든다.

② 유아 자신이 만든 것을 보며 이야기 나눈다.
- 너희들이 만든 집에 대해 이야기해 주겠니?
- 집 외에 무엇이 더 있으면 좋을까?

③ 더 만들고 싶은 것이 있으면 만들도록 한다(자동찻길, 자동차 등).

6) 공항 만들기

생활주제 : 교통기관

활동목표

1. 다양한 소재를 창의적으로 활용하여 공항을 만든다.
2. 친구들과 협동하는 태도를 기른다.

교육과정 관련요소

2007 개정 유치원교육과정

☞ 사회생활 : 이웃과 더불어 생활하기-다른 사람을 이해하고 존중하기
☞ 탐구생활 : 수학적 기초능력 기르기-공간 및 도형에 대해 알아보기

5세 누리교육과정

☞ 사회관계 : 다른 사람과 더불어 생활하기-친구와 사이좋게 지내기
☞ 자연탐구 : 수학적 탐구하기-공간과 도형의 기초개념 형성하기

활동자료

공항의 여러 가지 모습(활주로, 비행기, 대합실, 수속하는 곳 등)을 담은 사진, 다양한 크기, 색깔, 모양의 우레탄 블록 또는 유니트 블록, 종이벽돌, 비행기, 헬리콥터 등

활동방법

① 공항의 여러 가지 모습이 담긴 사진을 보면서 공항에 대해 이야기를 나눈다.

- 비행기를 타려면 어디로 가야 하니?

② 여러 가지 블록을 이용하여 공항을 어떻게 만들 것인가에 대해 이야기를 나눈다.

- 비행기가 뜨거나 내릴 때 다니는 길을 무엇이라고 하니?

③ 유아들이 함께 공항을 만들고 놀이를 한다.

참 고

쌓기놀이에서 공항을 만들었으면 공항에서 일어나는 일들을 역할놀이와 접목해 볼 수 있다.

제 3 장

조작놀이

1. 조작놀이의 정의 및 교육적 가치
2. 환경구성
3. 조작놀이 자료의 종류
4. 놀이지도 시 교사의 역할
5. 활동의 실제

1. 조작놀이의 정의 및 교육적 가치

조작놀이는 유아들이 다양한 놀잇감을 손과 손가락의 소근육을 사용하여 맞추고 분류하고 재배열하는 등 여러 가지 방법으로 다루는 놀이이다.

조작놀이의 교육적 가치는 다음과 같다.

첫째, 눈과 손의 협응력, 소근육 운동능력 등의 신체발달이 이루어진다.

둘째, 조작놀이를 통하여 유아의 집중력과 지구력을 증진시킨다.

셋째, 문제상황을 끊임없이 탐색하고 극복하는 과정을 통하여 자신감과 성취감 형성 등 정서발달이 증진된다.

넷째, 유아는 조작놀이를 통하여 개별적인 탐색활동을 많이 하게 되므로 형태, 크기, 무게, 질감에 대한 개념발달 및 분류개념, 수개념, 서열화개념 등 인지발달이 증진된다.

다섯째, 다양한 어휘습득 글자 형태와 의미습득 등 언어발달이 증진된다.

여섯째, 다른 유아들과 함께 조작놀이를 함으로써 서로 의견을 존중하고 이해하는 사회성 발달이 증진된다.

2. 환경구성

유아들이 산만하지 않고 놀잇감에 집중할 수 있도록 조용한 영역에 배치하며 수학영역이나 쌓기놀이 영역과 통합하여 구성할 수도 있다. 유아들이 서로 방해받지 않을 만큼의 공간 확보가 필요하며 놀잇감을 제시할 때는 유아의 눈 높이에 맞게 진열하며, 유아의 흥미와 발달 또는 주제에 따라 교체해 주도록 한다.

작은 조각들이 많으므로 바구니나 쟁반(tray)에 담아 보관하며 카펫을 깔아 주어 소음을 줄이고 편안한 좌석을 만들고 적절한 조명을 마련해 주도록 한다.

조작놀이 영역의 환경구성을 연령별로 제시해 보고자 한다.

1) 만 3세

퍼즐은 5~10쪽 정도가 조각, 손잡이가 있거나 윤곽이 그려진 그림퍼즐이 적합하다. 또한 유아의 손에 적절한 크기의 끼워 맞추기를 제공해 주고 구슬은 구멍이 크고 잡기가 편하며 끈의 끝이 빳빳해야 한다. 감각 훈련을 위한 도구를 사용하거나 일상생활 훈련틀, 즉 단추끼우기, 지퍼올리기 등 유아의 자립능력 발달을 위한 훈련 자료를 제공해 준다.

2) 만 4세

퍼즐은 10~25쪽 정도의 조각을 제시할 수 있으며 도형, 숫자 등 개념학습을 위한 퍼즐을 제공해 준다. 짝맞추기는 수와 갯수맞추기, 용도에 따라 맞추기 등으로 언어, 수개념 형성을 위한 자료를 제공해 주며 다양한 도구를 제공(핀셋, 젓가락)하여 옮기기 활동을 제시할 때 분류활동까지 확대할 수 있다.

3) 만 5세

퍼즐은 개인에 따라 다룰 수 있는 수가 다양하므로 15~30쪽 정도의 조각을 제시할 수 있다. 바느질할 수 있도록 활동을 제시해 준다. 조작활동을 할 수 있는 게임자료를 배치하고 활동순서, 사용법을 제시한 활동카드도 같이 준비해 둔다.

이와 같이 유아의 발달 정도에 맞는 놀잇감을 준비해 주며, 단순한 활동에서 복잡한 놀이활동으로 점진적인 놀이 기회를 제공해 준다. 특히 놀잇감은 지정된 놀이 영역에서 가지고 놀고, 사용 후 제자리에 정돈하는 습관을 갖도록 잘 지도해야 한다.

3. 조작놀이 자료의 종류

1) 조작적 활동을 위한 자료

- 그림 맞추기
- 숫자퍼즐
- 색퍼즐
- 도형퍼즐

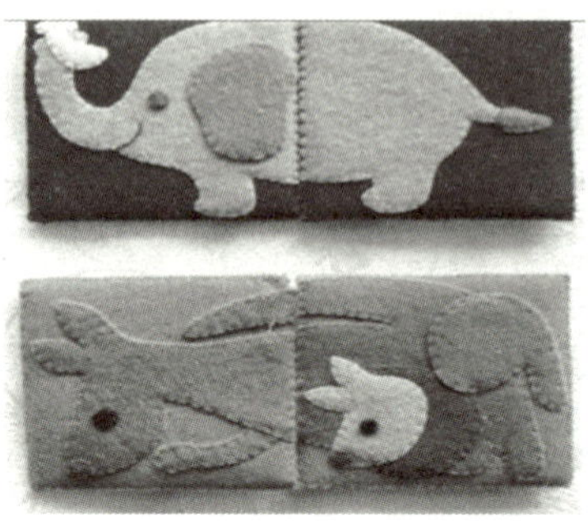

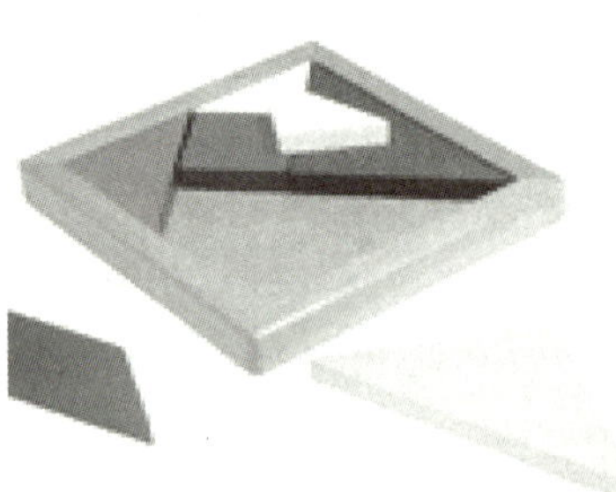

2) 일상생활 활동을 위한 자료

- 지퍼올리기
- 단추끼우기
- 끈꿰기
- 벨트매기
- 끈매기
- 머리빗기
- 양치질하기
- 열쇠, 자물쇠 맞추기
- 볼트, 너트 맞추기
- 옮겨담기(물, 콩, 쌀 등)
- 구슬꿰기
- 바느질카드 등

4. 놀이지도 시 교사의 역할

첫째, 교사는 유아의 발달수준에 맞추어 단계적으로 지도한다. 3, 4세 유아를 위해서는 단순한 조각그림 맞추기나 큰 조각의 끼우기 블록을 제공하고, 유아의 연령이 증가하고 발달이 향상되면서 점차 복잡하고 어려운 활동으로 놀이 기회를 확대하여 제공한다.

둘째, 교사는 간식시간에 유아의 수만큼 접시와 컵 놓기, 우리 가족의 수 알기 등을 통하여 일상생활 속에서 여러 가지 수나 양에 관심을 가지고 수학적 개념(전체와 부분, 분류, 측정, 비교, 서열화 등)을 경험하도록 지도한다.

셋째, 교사는 각 유아마다 발달의 개인차가 크므로 놀이시간을 충분히 배정하여 다양한 탐색활동 및 조작하는 과정을 통해 성취감을 경험하도록 지도한다.

넷째, 교사는 놀잇감을 한꺼번에 제시하기보다 시간을 두고 계속 변화를 주면서 바꾸거나 보충해 주어야 한다. 특히, 조작놀이는 교사가 창의적으로 만든 교구를 많이 활용할 수 있으므로, 유아의 발달수준과 흥미에 적절한 교구를 준비하여 주고, 파손된 교구는 반드시 수리, 보완하도록 한다.

5. 활동의 실제

1) 세계 여러 나라 옷을 입혀 보아요

생활주제 : 세계 여러 나라

활동목표

1. 다른 나라 사람들의 생김새와 의상(옷)에 대하여 관심을 가진다.
2. 준비된 여러 나라 사람들의 얼굴판에 맞는 옷을 만늘어 입혀 보는 경험을 가진다.

교육과정 관련요소

2007 개정 유치원교육과정

☞ 사회생활 : 사회현상에 관심 가지기-다양한 문화에 관심 가지기

5세 누리 교육과정

☞ 사회관계 : 사회에 관심 갖기-세계와 여러 문화에 관심 가지기

활동자료

① 민속의상을 입고 있는 세계 여러 나라 사람들의 사진

② 그 날의 주제가 되는 나라 민속의상 및 장신구

- 한국의 날 : 한복, 족두리, 갓, 짚신, 고무신, 관복(사모관대) 등

- 미국의 날 : 카우보이 의상(모자, 조끼, 바지, 가죽, 장화), 가발, 장남감총, 높은 코, 콧수염, 드레스, 양산 등
- 중국의 날 : 중국 드레스, 무술복, 중국신 등
- 아프리카의 날 : 추장모자, 원주민 치마, 귀걸이, 목걸이, 창, 팔찌, 가발 등
- 사우디아라비아의 날 : 민속의상, 슬리퍼, 챠도르 등

③ 식용색소로 색깔을 넣은 밀가루 점토, 모양틀, 찍기틀, 다양한 그릇, 플라스틱 칼, 도마, 밀대, 세계 여러 나라 사람의 얼굴 밑그림 등

활동방법

① 세계 여러 나라의 민속 의상(옷)에 대하여 이야기 나눈다.
- 이런 옷을 입은 사람을 본 적이 있니?
- 혹시 그 나라에 가 본 적이 있니?
- 어떤 옷을 입어 보고 싶니?
- 어떻게 입는 걸까? 이 옷에는 어떤 것들이 어울릴까?

② 충분히 이야기가 끝난 후 밀가루 점토판을 제시하여 유아가 옷을 만들어 꾸밀 수 있도록 한다.
- 인디언 추장의 모자는 어떻게 만들까?
- 인디언 추장은 어떤 옷을 입고 있을까?
- 생김새는 우리와 어디가 다를까?

  (얼굴 색깔, 머리카락 색깔, 눈의 색깔, 코의 모양 등)

③ 유아들이 만든 작품에 대해 발표해 보는 시간을 갖는다.
- 이 친구가 만든 의상(옷)은 어느 나라의 의상일까요?

참 고

① 세계 여러 나라의 의상(옷)과 세계 여러 나라의 국기를 그린 그림카드를 이용해 짝짓기 활동으로 확장해 볼 수 있다.

② 투명카드 아랫부분에 같은 나라 이름을 써서 언어활동으로 확장할 수 있다.

2) 신랑 · 각시의 얼굴을 예쁘게 꾸며 보세요

생활주제 : 우리나라

활동목표

1. 동시를 통하여 전통문화에 친밀감을 가진다.
2. 밀가루 점토를 이용하여 신랑 각시의 얼굴을 예쁘게 꾸미는 경험을 갖는다.

교육과정 관련요소

2007 개정 유치원교육과정

☞ 사회생활 : 사회현상에 관심 가지기-우리나라와 우리 전통문화에 관심 가지기

5세 누리교육과정

☞ 사회관계 : 사회에 관심 갖기-우리나라에 관심 갖고 이해하기

활동자료

① 동시판, 그림자료(소품 : 족두리, 사모, 노리개, 곰방대)

② 식용색소로 색깔을 넣은 밀가루 점토, 모양틀, 찍기틀, 플라스틱칼, 도마, 밀대, 신랑 각시 얼굴 밑그림 등

활동방법

① 동시판을 이용해 동시를 들려준다.

정말 멋쟁이

허병렬 지음

소꿉은 즐거운 놀이
영이는 각시 되어 족두리 쓰고
철이는 신랑 되어 사모 쓰고
거울 앞에 나란히 서서 고개를 끄덕끄덕
옛날 어른들은 정말 멋쟁이셨네

소꿉은 즐거운 놀이
영이는 할머니 되어 노리개 차고
철이는 할아버지 되어 곰방대 들고
거울 앞에 나란히 서서 고개를 끄덕끄덕
옛날 어른들은 정말 멋쟁이셨네

(출처 : 5세아를 위한 유치원교육과정 운영의 실제, 이화여대 부속유치원 편)

② 동시를 들은 후 신랑 · 각시의 얼굴 표정과 전통혼례식에 대해 이야기 나눈다.
 - 전통혼례에서는 어떤 물건들이 필요할까?
 - 신랑 · 각시 얼굴은 어떻게 꾸밀까?
 (사모관대, 족두리, 연지곤지 등)

③ 밀가루 점토판을 제시하여 유아들이 생각하는 신랑 · 각시를 창의적으로 표현해 볼 수 있게 한다.

④ 유아들이 만든 작품을 보면서 발표해 보는 시간을 갖는다.

참 고

① 역할놀이에서 신랑 · 각시놀이를 할 수 있다.

② 신랑 · 각시뿐만 아니라 여러 역할(축하객, 축하 연주단, 부모님, 사진사 등)을 정하여 놀이할 수 있다.

3) 항공교통과 육상교통

생활주제 : 교통기관

활동목표

1. 여러 종류의 교통기관에 대해 안다.
2. 항공교통과 육지교통기관을 분류할 수 있다.

교육과정 관련요소

2007 개정 유치원교육과정

☞ 탐구생활 : 탐구하는 태도 기르기-사물과 현상에 지속적인 관심 가지기

☞ 탐구생활 : 과학적 기초능력 기르기-물체와 물질 알아보기

5세 누리교육과정

☞ 자연탐구 : 탐구하는 태도 기르기-호기심을 유지하고 확장하기

☞ 자연탐구 : 과학적 탐구하기-물체와 물질 알아보기

활동자료

하늘 그림판, 땅 그림판, 하늘을 나는 교통수단 그림카드, 땅을 다니는 교통수단 그림카드

활동방법

① 항공교통과 육상교통에 대해 이야기 나눈다.
- 하늘을 날으는 교통수단에는 무엇이 있을까?
  (헬리콥터, 비행기, 제트기 등)

- 땅위를 다니는 교통수단에는 어떤 것들이 있을까?

  (자동차, 기차, 자전거, 유모차, 오토바이 등)

② 하늘을 나는 교통수단은 하늘 그림에 땅위를 다니는 교통수단은 땅 그림에 분류해서 붙인다.

참 고

여러 명의 친구들이 나와 비행기, 자동차, 기차, 제트기가 되어 가장 빠른 순서대로 도착점에 도착할 수 있도록 신체표현 활동으로 확장할 수 있다.

4) 도미노 게임

생활주제 : 생활 도구

활동목표

1. 일정한 규칙에 맞추어 블록을 배열한다.
2. 방향을 생각하여 블록을 여러 모양으로 배열한다.

교육과정 관련요소

2007 개정 유치원교육과정

☞ 탐구생활 : 수학적 기초능력 기르기-규칙성 이해하기

5세 누리교육과정

☞ 자연탐구 : 탐구하는 태도 기르기-탐구과정 즐기기

☞ 자연탐구 : 수학적 탐구하기-규칙성 이해하기

활동자료

도미노 블록(카세트 테이프 케이스), 마스킹 테이프 등

활동방법

① 먼저 카세트 테이프 케이스에 다음과 같이 세모, 네모, 동그라미를 붙인다.

② 블록을 한 줄로 늘어 놓고 넘어뜨리는 도미노 놀이를 하자고 제안한다.

- 도미노 놀이를 해 본 적이 있니?

③ 바닥에 붙여 놓은 마스킹 테이프 줄 위에 도미노 블록을 적당한 간격으로 세운다.

- 블록을 띄엄띄엄 늘어 놓고 넘어뜨리면 어떻게 될까?
- 왜 블록이 잇따라 쓰러지지 않을까?
- 도미노 놀이를 하려면 블록을 어떻게 늘어 놓아야 할까?

④ 맨 앞의 도미노 블록을 넘어뜨려 연속적으로 넘어지는 현상을 관찰한다.

⑤ 도미노 블록을 이용하여 유아들 스스로 규칙(패턴)을 만들어 넘어뜨려 본다.

참 고

① 블록의 수가 많을수록 도미노의 효과가 잘 나타나지만, 유아의 발달수준을 고려하여 적절한 수의 블록을 제시한다.

② 도미노 블록 중간에 책 또는 나무토막을 세워 어느 쪽이 더 빨리 넘어지는지 관찰해 보고, 또 빨리 넘어지게 하려면 어떤 방법이 있는지 다양하게 생각할 수 있다.

5) 공룡 퍼즐

생활주제 : 동식물과 자연

활동목표

1. 여러 가지 모양의 퍼즐 조각이 있음을 안다.
2. 여러 가지 모양의 퍼즐 조각을 맞춰 동화 속 그림을 완성할 수 있다.

교육과정 관련요소

2007 개정 유치원교육과정

☞ 탐구생활 : 수학적 기초능력 기르기-공간 및 도형에 대해 알아보기

5세 누리교육과정

☞ 자연탐구 : 수학적 탐구하기-공간과 도형의 기초개념 형성하기

활동자료

공룡 그림 퍼즐판, 여러 가지 모양의 퍼즐조각

활동방법

① 퍼즐판의 공룡 그림을 살펴본다.
- 퍼즐 놀이 해 본 적 있니?
- 어떤 그림인 것 같니?

② 퍼즐 조각 준다.
- 퍼즐판의 그림을 자세히 보자.
- 퍼즐 조각들을 그림판의 공룡과 같은 모양으로 맞출 수 있겠니?

③ 퍼즐 조각을 맞춰 공룡을 완성해 보도록 한다.

- 퍼즐 조각의 그림이 퍼즐판 그림의 어느 부분에 해당하는지 생각해 보면서 퍼즐조각을 놓아 보자.

④ 퍼즐 맞추기를 완성한 유아를 격려해 준다.

참 고

연령과 발달수준을 고려하여 퍼즐 조각의 수나 모양을 조절하여 제시한다.

6) 단추 끼우기

생활주제 : 유치원과 친구

활동목표

1. 옷입기를 위해 필요한 단추 끼우기를 할 수 있다.
2. 눈과 손의 협응력을 기른다.

교육과정 관련요소

2007 개정 유치원교육과정

☞ 건강생활 : 나의 몸 인식하기-감각기관을 활용하기

☞ 사회생활 : 나를 알고 사랑하기-나의 일 스스로 하기

5세 누리교육과정

☞ 신체운동 · 건강 : 신체 인식하기-감각기관 활용하기

☞ 사회관계 : 나를 알고 존중하기-나의 일 스스로 하기

활동자료

단추채우기 판이나 단추가 있는 옷

활동방법

① 단추채우기판을 탐색한다.
- 단추를 끼워 본 적 있니?

② 단추를 단추 구멍에 넣어서 채운다.
- 단추를 어떻게 채울까?

- 단추를 단추 구멍 사이에 넣어 보자.
- 단추 구멍 사이로 넣은 단추를 꺼내자.

③ 단추가 잘 채워졌는지 확인한다.

- 단추가 잘 채워졌니?

참 고

① 연령과 발달수준에 따라 단추의 크기와 수를 조절한다.

② 단추채우기판이 익숙해지면 단추를 채우는 옷을 유아들 스스로 입도록 한다.

제 4 장

물 놀 이

1. 물놀이의 정의 및 교육적 가치
2. 환경구성
3. 물놀이 자료의 종류
4. 놀이지도 시 교사의 역할
5. 활동의 실제

1. 물놀이의 정의 및 교육적 가치

물은 발달의 각 단계에 있는 유아들에게 색다른 호기심을 제공하는 흥미 있는 매체이다. 특히, 물은 매끄러운 감촉을 느낄 수 있고 형태가 정해져 있지 않기 때문에 특별한 놀이기술 없이 자유롭게 가지고 노는 가운데 성취감과 만족감을 느끼게 된다.

물놀이의 교육적 가치를 살펴보면 다음과 같다.

첫째, 물놀이는 여러 가지 탐색과 실험활동을 통해 과학적 발견을 하게 되고 탐구력이 향상될 뿐만 아니라 측정능력, 분류능력, 문제해결능력 등이 발달된다.

둘째, 유아가 물을 가지고 부담없이 놀이를 하면서 불안이나 불만, 긴장 및 공격적 성향이 해소되어 성취감과 만족감 등의 정서적 안정을 얻게 된다.

셋째, 유아가 물로 더러운 장난감을 씻고 인형을 목욕시키며 물을 휘저어 보는 등의 여러 가지 촉감적 자극을 통한 감각경험을 제공하여 유아의 대 · 소근육 및 신체발달을 고무시킨다.

넷째, 물놀이를 통해 유아들끼리 서로 기쁨을 나누고 놀잇감을 함께 사용하며 협동하는 기회 등의 사회적 상호작용을 많이 경험함으로써 의사소통 능력 및 사회성이 발달된다.

2. 환경구성

물놀이는 실내 · 외에 설치할 수 있으며 수도시설과 가까운 곳에 통로를 피하여

배치하고 배수처리가 용이한 곳이 적합하다. 바닥은 부분적으로 타일로 설비하거나 비닐깔개나 인조매트, 아스타일 등을 깔아도 좋다. 특히 모래놀이와 함께 하는 경우가 많으므로 모래놀이 영역과 인접하게 배치한다.

물놀이대나 물통 이외에 여러 종류의 놀이 기구, 비닐 앞치마, 수건 등을 준비하고 물이 잘 빠질 수 있는 플라스틱 선반에 물놀이 기구를 보관하는 것이 좋다.

물놀이 영역의 환경구성을 연령별로 제시해 보고자 한다.

1) 만 3세

개인용이나 긴 물놀이대(높이 50~55cm)를 제공해 주고 물감을 넣어 색깔물을 만들어 준다. 물을 담고 쏟으면서 물을 탐색하고 정서적 긴장을 풀 수 있도록 다양한 크기와 모양의 그릇을 제공해 주며 고무인형, 비치볼 등을 준비하여 물놀이의 즐거움과 재미를 더 느끼도록 한다.

2) 만 4세

이동식 물놀이대(높이 55~60cm)를 준비해 주고, 물의 양을 측정할 수 있는 계량도구를 비치한다. 또한 물놀이 용기를 다양하게 준비하여 다양한 물건을 물에 띄워 봄으로써 물건의 특성을 이해하도록 한다. 물에 뜨는 물건, 가라앉는 물건을 분류할 수 있도록 분류 바구니를 준비해 놓는다.

3) 만 5세

역시 이동식 물놀이대(높이 60~65cm)를 준비하고 물을 이용한 여러 가지 실험을 해 볼 수 있도록 교재·교구를 준비해 준다. 물을 이용한 역할놀이, 각종 게임, 펌프나 물레방아를 이용한 물의 힘에 관한 실험, 물에 녹는 것, 녹지 않는 것을 분류할 수 있도록 자료를 준비해 준다.

3. 물놀이 자료의 종류

1) 물놀이대

물놀이대 높이는 50~60cm 정도가 적당하며, 물통은 큰 플라스틱통, 아기 목욕통, 욕조 등을 활용할 수 있다.

2) 물놀이 용품

- 유아용 비닐 앞치마, 고무인형, 비치볼
- 다양한 크기와 형태의 플라스틱 용기와 뚜껑 : 샴푸통
- 플라스틱 접시 : 컵, 그릇, 찻잔, 비커 등
- 물에 뜨는 물건과 가라앉는 물건들 : 스펀지, 못, 지우개, 연필, 조약돌, 코르크, 동전, 크레용, 나뭇가지, 막대, 나무구슬 등
- 거품재료 및 혼합기 : 달걀 거품기, 빨대, 액체비누, 비누, 식용색소, 템페라 물감, 나무젓가락, 크림 휘젓는 기구, 수저 등

4. 놀이지도 시 교사의 역할

유아의 물놀이 활동지도시 교사가 고려해야 할 사항에 대하여 살펴보기로 하자.

첫째, 유아들의 물놀이에 필요한 적절한 자료를 준비해 주고, 자주 장비를 점검하여 유아의 놀이를 촉진시키도록 도와주어야 한다.

둘째, 물을 이용하여 새로운 사실을 발견해 내는 기쁨과 창의적 표현에 따른 성취감을 느낄 수 있도록 수용적 태도를 갖는다.

셋째, 물놀이에 필요한 안전규칙을 정하여 지도한다. 물놀이를 시작하기 전에 유아에게 앞치마를 입히고 옷을 걷게 하며, 물을 다른 친구들에게 뿌려서는 안 된다는 규칙을 이해시키고 더러운 물, 비눗물을 입에 넣지 않도록 하며, 놀이가 끝나면 놀잇감은 반드시 정리정돈하도록 지도한다.

5. 활동의 실제

1) 아기인형 목욕시키기

생활주제 : 나와 가족

활동목표

1. 건강하기 위해 몸을 깨끗이 해야 함을 안다.
2. 가족의 소중함을 알고 화목하게 지낸다.

교육과정 관련요소

2007 개정 유치원교육과정

☞ 건강생활 : 건강하게 생활하기-몸과 주변을 깨끗이 하기
☞ 사회생활 : 가족과 함께 생활하기-가족과 화목하게 지내기
☞ 사회생활 : 가족과 함께 생활하기-가족과 협력하기

5세 누리교육과정

☞ 신체운동 · 건강 : 건강하게 생활하기-몸과 주변을 깨끗이 하기
☞ 사회관계 : 가족을 소중히 여기기-가족과 화목하게 지내기
☞ 사회관계 : 가족을 소중히 여기기-가족과 협력하기

활동자료

인형, 비누, 수건, 목욕 스펀지, 아기 목욕통 혹은 물놀이대(작은 대야), 걸레 등

활동방법

① 목욕해 본 경험에 대하여 이야기 나눈다.
- 언제 누구와 목욕을 하였니?
- 누가 씻겨 주었니?
- 왜 목욕을 해야 할까?

② 교사는 "아기 인형을 목욕시키면 몸이 깨끗해 져서 병에 안 걸릴텐데, 엄마 생각은 어떠세요?"라고 인형 목욕시키는 놀이를 할 것을 제안한다.

③ 작은 대야와 비누, 수건 등을 준비하여 인형을 목욕시킬 준비를 해 둔다.
- 아기 인형을 목욕시키려면 어떻게 해야 할까?
- 어떤 순서로 목욕시킬까?
- 아기 인형을 목욕하다 아프지 않게 하려면 어떻게 해야 할까?

④ 목욕이 끝나면 아기 인형에게 어떻게 해야 할지 이야기 나눈다.
- 목욕이 끝나면 아기 인형을 어떻게 해야 할까?

참 고

① 쌓기놀이 영역에서 인형 목욕탕을 만든 후 놀이할 수 있다.

② 목욕통에는 찬물뿐 아니라, 목욕하기에 알맞은 따뜻한 물을 유아들과 함께 넣으면서 물의 온도에 관한 용어 '차갑다', '뜨겁다', 또는 '~보다 차갑다', '~보다 뜨겁다'를 사용해 볼 기회를 가질 수 있다.

2) 빨래하기

생활주제 : 환경과 생활

활동목표

1. 빨래에 필요한 도구의 종류와 용도를 안다.
2. 대 · 소근육 운동능력이 발달한다.

교육과정 관련요소

2007 개정 유치원교육과정

☞ 건강생활 : 건강하게 생활하기-몸과 주변을 깨끗이 하기
☞ 탐구생활 : 과학적 기초능력 기르기-물체와 물질에 대해 알아보기

5세 누리교육과정

☞ 신체운동 · 건강 : 건강하게 생활하기-몸과 주변을 깨끗이 하기
☞ 자연탐구 : 과학적 탐구하기-물체와 물질 알아보기

활동자료

빨래판, 빨래대야, 빨랫줄, 빨래집개, 방망이, 인형옷, 행주, 손수건, 수건, 건조대 등

활동방법

① 빨래해 본 경험에 대해 이야기를 나눈다.
  - 우리 반에서 빨래할 것을 찾아보자.
② 빨래할 때 사용하는 도구에 대해 이야기를 나눈다.

- 빨래를 하려면 무엇이 필요하니?

③ 손수건이나 인형옷을 물에 적셔 빤다.

- 어떻게 하면 깨끗하게 빨래할 수 있을까?

(방망이로 두들겨 보기)

④ 깨끗이 헹군 빨래를 건조대 혹은 빨랫줄에 널어 말린다.

- 빨래가 바람에 날아가지 않도록 하려면 어떻게 해야 할까?

참 고

① 유아들이 빨래뿐만 아니라 인형 목욕시키기, 설거지하기 등을 경험해 볼 수 있도록 한다.

② 빨래가 마르는 과정을 관찰하여 관찰기록지를 작성해 볼 수 있다.

(쫙 펴서 말릴 경우, 반으로 접어서 말릴 경우, 늘어 뜨려서 말릴 경우)

3) 여러 가지 모양의 배 띄우기

생활주제 : 교통기관

활동목표

1. 물에 뜨는 물질의 특징에 대해 안다.
2. 여러 가지 종류의 배에 관심을 가진다.

교육과정 관련요소

2007 개정 유치원교육과정

☞ 탐구생활 : 탐구하는 태도 기르기-사물과 현상에 지속적인 관심 가지기
☞ 탐구생활 : 탐구하는 태도 기르기-탐구과정 즐기기

5세 누리교육과정

☞ 자연탐구 : 탐구하는 태도 기르기-탐구과정 즐기기
☞ 자연탐구 : 탐구하는 태도 기르기-탐구기술 활용하기

활동자료

여러 종류의 장난감 배(혹은 유아들이 폐품을 이용하여 만든 배, 나무조각으로 만든 배, 수수깡으로 만든 배, 코르크로 만든 배, 뗏목으로 만든 배, 우유팩으로 만든 배, 스티로폼을 이용하여 만든 배, 종이로 만든 배), 큰 물통이나 물놀이용 비닐 풀(pool), 비닐 앞치마 등

활동방법

① 배를 보았거나 타 본 경험에 대해 이야기 나눈다.

② 물에 띄울 수 있는 배를 만드는 방법에 대해 이야기 나눈다.

- 폐품을 활용해 배를 어떻게 만들까?

③ 반으로 자른 우유팩으로 만든 배, 코르크를 이용해 만든 배, 종이배, 수수깡, 스티로폼 등 여러 가지 자료를 사용하여 만든 배를 소개한다.

- 어떤 것으로 만든 배가 가장 빨리 갈까?
- 어떻게 해야 배가 움직일까?

④ 손으로 물을 저어 물결을 일으킨 뒤, 배의 움직임을 관찰해 보고 이야기 나눈다.

- 만약 넓은 바다를 오랜 시간 다닐 때는 어떤 배가 좋을까?

⑤ 건전지 힘으로 프로펠러를 돌려 앞으로 나가는 배를 띄워 본다.

- 왜 이렇게 빠를까?
- 다른 배와 어떤 점이 다를까?

참 고

두 팀으로 나누어 유아들이 만든 배를 물 위에 띄운 후 배를 앞으로 불거나 부채로 바람을 일으켜 빨리 가게 하는 게임도 할 수 있다.

4) 비눗방울 놀이

생활주제 : 환경과 생활

활동목표

1. 입으로 부는 활동을 통해 신체조절 능력을 기른다.
2. 비누의 기능에 대해 안다.

교육과정 관련요소

2007 개정 유치원교육과정

☞ 탐구생활 : 탐구하는 태도 기르기-탐구과정 즐기기

☞ 탐구생활 : 과학적 기초능력 기르기-물체와 물질에 대해 알아보기

5세 누리교육과정

☞ 자연탐구 : 탐구하는 태도 기르기-탐구과정 즐기기

☞ 자연탐구 : 탐구하는 태도 기르기-탐구기술 활용하기

활동자료

모루고리, 빨대, 물세제(과일이나 야채용), 재활용 용기(우유팩, 음료수통, 요구르트병), 식용색소 등

활동방법

① 모루고리를 유아들과 함께 만들어 본다.

(나무젓가락을 이용하여 동그란 모루고리를 만든다.)

② 비누의 기능에 대해 이야기를 나눈다.

- 비누는 무엇을 할 때 사용되는 것일까?

③ 물이 담긴 그릇에 세제와 식용색소를 넣어 색비눗물을 만든다.
- 물에 세제를 넣으니까 어떻게 되었니?

④ 만들어진 비눗물을 유아들의 재활용 용기에 담아 주고, 모루고리를 비눗물에 담갔다가 빼서 입으로 불어 본다.
- 무엇이 만들어졌니?
- 어떻게 불어야 비눗방울이 잘 만들어질까?
- 만약 빨대로 불면 어떻게 될까?

⑤ 빨대와 모루고리를 비교 관찰해 본다.
- 어느 것의 비눗방울이 크니?
- 만약 비눗방울을 잡으면 어떻게 될까?

참 고

① 빨대로 비눗방울 놀이를 할 때에는, 유아들이 빨대로 비눗물을 빨 수 있으므로 주의 사항을 충분히 이야기한 후 사용한다(놀이 후 반드시 손을 씻는다).

② 거품기를 이용하여 거품내기를 해 볼 수 있으며, 이 때 만들어진 거품으로 그림을 그려볼 수 있다.

5) 물 페인트 칠하기

생활주제 : 생활도구

활동목표

1. 젖은 상태와 마른 상태의 차이를 안다.
2. 신체조절 능력을 기른다.

교육과정 관련요소

2007 개정 유치원교육과정

☞ 건강생활 : 나의 몸 움직이기-바깥에서 신체활동하기
☞ 탐구생활 : 탐구하는 태도 기르기- 탐구과정 즐기기
☞ 탐구생활 : 과학적 기초능력 기르기-간단한 도구와 기계 활용하기

5세 누리교육과정

☞ 신체운동 · 건강 : 신체 활동에 참여하기-기구를 이용하여 신체활동하기
☞ 자연탐구 : 탐구하는 태도 기르기-탐구과정 즐기기
☞ 자연탐구 : 과학적 탐구하기-간단한 도구와 기계 활용하기

활동자료

깡통이나 페인트통, 다양한 크기의 페인트붓, 낮은 사다리 등

활동방법

① 페인트통과 다양한 크기의 페인트붓을 제시한다.
- 무엇에 사용하는 것일까 ?

② 벽돌 벽, 시멘트 바닥 등 물 페인트를 칠할 위치를 계획한다.

- 어디에 물 페인트를 칠하면 좋을까?

③ 유아들이 자신의 페인트통에 물을 담도록 한다.

④ 붓에 물을 적셔 벽돌이나 콘크리트 벽에 물 페인트를 칠한다.

- 물 페인트를 칠하니까 어떻게 되었니?

⑤ 물 페인트를 칠한 부분의 색깔이 변하는 것을 관찰한다.

- 어떻게 되었니? 왜 달라졌을까?

참 고

① 물 페인트 자국이 증발하는 과정을 살펴보며 물이 공기 중에 날아간 것을 설명해 줄 수 있다.

② 목공놀이에서 만든 유아들의 작품(배, 나무조각 등)에 직접 페인트칠하기 놀이와 병행해서 활동할 수 있다.

6) 세차장 놀이

생활주제 : 우리 동네

활동목표

1. 세차장에서 하는 일에 대해 안다.
2. 세차하는 경험을 통해 대 · 소근육을 발달시킨다.

교육과정 관련요소

2007 개정 유치원교육과정

☞ 건강생활 : 나의 몸 움직이기-바깥에서 신체활동하기
☞ 탐구생활 : 탐구하는 태도 기르기- 탐구과정 즐기기
☞ 탐구생활 : 과학적 기초능력 기르기-간단한 도구와 기계 활용하기

5세 누리교육과정

☞ 신체운동 · 건강 : 신체 활동에 참여하기-기구를 이용하여 신체활동하기
☞ 자연탐구 : 탐구하는 태도 기르기-탐구과정 즐기기
☞ 자연탐구 : 과학적 탐구하기-간단한 도구와 기계 활용하기

활동자료

실외놀이용 자전거나 자동차, 물통, 고무호스, 수세미나 솔, 마른걸레, 세차장 표지판 등

활동방법

① 세차장이 어떤 곳인지에 대해서 이야기를 나눈다.

- 세차장에 가 본 적이 있니?
- 어떤 곳일까?
- 왜 세차를 할까?

② 세차장 놀이에 필요한 도구에 대해 이야기 나눈다.

- 세차장 놀이를 하려면 무엇이 필요할까?
- 세차장 이름을 무엇으로 정할까?

③ 역할을 정하여 세차장 놀이를 한다.

(차를 물로 닦는 사람, 솔로 닦는 사람, 마른걸레로 닦는 사람, 손님 등)

④ 맡은 역할놀이가 끝난 후 경험한 느낌을 이야기해 본다.

참 고

주유소 놀이와 병행해서 활동할 수 있다.

제 5 장

모래놀이

1. 모래놀이의 정의 및 교육적 가치
2. 환경구성
3. 모래놀이 자료의 종류
4. 놀이지도 시 교사의 역할
5. 활동의 실제

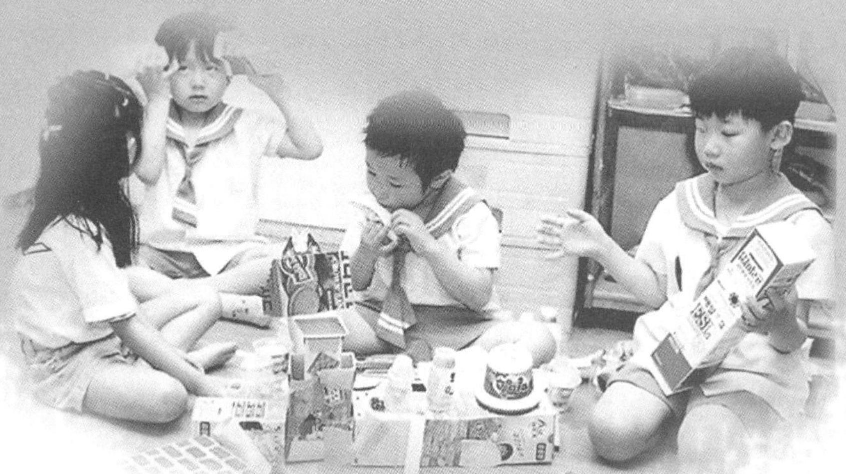

1. 모래놀이의 정의 및 교육적 가치

모래는 자연스럽게 주변에서 쉽게 접할 수 있는 것으로 모든 유아들에게 즐거움을 주며 흥미가 있는 대상물이다. 유아들이 모래를 가지고 놀면서 촉감을 느낄 수 있고, 여러 가지 형태의 용기에 담아 보기도 하고 체로 거르면서 모래의 성질에 매료되어 모래를 가지고 놀면서 풍부한 상상력과 창의적 자질을 발달시킬 수 있다.

모래놀이가 갖는 교육적 가치를 살펴보면 다음과 같다.

첫째, 모래놀이는 유아의 흥미와 호기심을 자극하여 다양하고 자유로운 탐색을 통하여 상상력과 창의력 그리고 문제해결 능력이 발달된다.

둘째, 모래놀이는 유아로 하여금 정서적 안정감을 갖게 한다.

모래놀이는 유아들이 부담없이 모래를 파고 쌓고 옮기는 활동을 하면서 마음껏 감정을 표현할 수 있으며, 실패나 좌절감을 주지 않아 정서적 안정감을 얻게 된다.

셋째, 모래놀이를 통해 무게, 측정, 비교 등과 같은 여러 가지 수학적 개념과 과학적 지식을 습득하게 된다.

유아는 젖은 모래를 여러 가지 형태의 용기에 담아 찍어 보면서 모양과 크기를 비교해 보기도 하고 젖은 모래와 마른모래의 특징, 즉 마른모래가 젖은 모래보다 가볍고 마른모래는 바람에 잘 날리지만 젖은 모래는 날리지 않으며, 모래가 젖으면 색깔이 진하게 보인다는 수 과학적 개념이 자연스럽게 발달한다.

넷째, 모래놀이를 통해 언어발달 및 사회성 발달이 촉진된다.

모래놀이를 하면서 다른 친구와 대화를 나누기도 하고, 놀이상황을 설명하면서 다른 친구의 의견을 존중하고 서로 협동하여 규칙을 지킴으로써 사회적 관계를 자연스럽게 형성하게 된다.

다섯째, 모래놀이를 통해 대 · 소근육의 발달이 증진되고 눈과 손의 협응력 및 감각기능이 발달된다.

2. 환경구성

모래놀이는 물놀이와 마찬가지로 실내 · 외 어느 곳에나 설치할 수 있으며, 물놀이 영역과 통합하거나 탐색적인 활동이 이루어지는 과학놀이 영역의 한 코너에 모래놀이 영역을 구성할 수도 있다. 실외 모래놀이장은 배수가 잘되고 여과될 수 있도록 모래밭 밑에 큰 돌과 자갈 등을 넣은 후 망을 덮고 그 위에 모래를 넣는다. 가능한 한 현관과 떨어진 곳에 물놀이 영역과 가까이 배치하며, 직사광선을 피할 수 있게 채광시설이 설치되면 좋다. 모래놀이용 도구와 장난감을 보관할 수 있는 장소도 마련되어야 한다. 교실 내에 모래놀이 영역을 설치할 때는 유아들의 통행이 빈번하지 않은 곳에 배치하며, 모래놀이대 밑에는 비닐을 깔고 빗자루와 쓰레받기를 준비하여 흩어진 모래를 쉽게 치울 수 있도록 한다. 모래 대용품으로 낙엽, 진흙, 곡식, 톱밥, 찰흙 등을 활용할 수 있다. 모래놀이 도구들도 선반에 정리 정돈이 잘되게 보관하도록 한다.

실내에 모래놀이 영역을 준비할 때 연령별로 살펴보면 다음과 같다.

1) 만 3세

3세 유아를 위한 모래놀이대(높이 50~55cm)를 준비할 때 개인용 모래놀이대가 좋다. 모래 탐색하는 놀이를 많이 함으로 물을 함께 제공하며 다양한 탐색을 할 수 있도록 여러 형태의 그릇, 체, 국자, 플라스틱 삽모양틀 등을 준비하며 다양한 감각 경험을 줄 수 있도록 곡식, 톱밥 등을 제공할 수 있다.

2) 만 4세

4세 유아를 위해서는 여러 유아들이 함께 사용할 수 있는 모래놀이대(높이 55~

65cm)를 준비한다. 4세 유아는 모래를 탐색하는 이외에 여러 역할놀이도 함으로 나무인형, 소꿉놀이 그릇, 모형교통기관, 플라스틱 블록 등을 첨가해 준다.

3) 만 5세

5세 유아를 위해서는 계량컵, 계량스푼, 저울이나 자석 등의 측정도구와 탐색도구를 비치해 놓는다. 글자에 관심을 갖는 시기이므로 모래를 탐색하면서 글자를 써 볼 수 있게, 글자카드, 글자모양틀 등을 제공해 준다.

3. 모래놀이 자료의 종류

1) 모래놀이대

고정 모래놀이장, 모래놀이 상자, 모래놀이 책상

2) 모래놀이 용품

- 모양틀
- 측정도구 : 계량컵, 계량스푼, 저울, 양팔저울
- 다양한 크기의 깔대기나 체
- 여러 가지 부엌용품 : 나무수저, 국자, 플라스틱 주전자, 냄비, 깡통, 여과지, 그릇, 양동이, 주걱
- 물뿌리개

- 장난감 교통 기구류 : 배, 트럭, 자동차, 불도저, 비행기, 탱크 등
- 모종삽, 플라스틱삽
- 비탈길과 다리를 만들기 위한 널빤지, PVC 파이프, 고무호스
- 기타 돌멩이, 나뭇가지, 나뭇잎, 조개껍데기 등

4. 놀이지도 시 교사의 역할

첫째, 교사는 모래놀이하는 유아들을 잘 관찰하여 유아와 유아간의 상호작용이 원활하도록 도와야 하며, 필요한 경우에 적절히 개입하여 지노함으로써 유아의 놀이를 확장시킬 수 있도록 지도한다.

둘째, 모래놀이 시 안전을 위해 유아들과 함께 규칙을 정한다.

합의된 규칙들은 다음과 같다.

- 모래를 다른 사람에게 던지지 않는다.
- 마른 모래를 뿌리거나 바람에 날려 친구의 눈이나 머리에 들어가지 않도록 한다.
- 모래놀이 도구로 친구를 때리지 않는다.
- 모래를 입에 넣지 않는다.
- 모래에 다른 이물질(흙, 진흙 등)을 섞지 않는다.
- 유아들의 창작물을 성인의 수준에서 평가하지 말고, 칭찬해 준다.

셋째, 놀이가 끝나면 놀이용품을 정리 정돈하도록 지도한다.

5. 활동의 실제

1) 모래 위에 그림이나 글씨 쓰기

생활주제 : 유치원과 친구

활동목표

1. 모래를 만져 봄으로써 모래의 특징을 이해한다.
2. 모래 위에 글자나 숫자를 쓸 수 있다.

교육과정 관련요소

2007 개정 유치원교육과정

☞ 건강생활 : 나의 몸 인식하기-감각기관을 활용하기
☞ 탐구생활 : 탐구하는 태도 기르기-탐구과정 즐기기
☞ 탐구생활 : 과학적 기초능력 기르기-물체와 물질에 대해 알아보기

5세 누리교육과정

☞ 신체운동·건강 : 신체 인식하기-감각기관 활용하기
☞ 자연탐구 : 탐구하는 태도 기르기-탐구과정 즐기기
☞ 자연탐구 : 과학적 탐구하기-물체와 물질 알아보기

활동자료

나무젓가락, 나뭇가지, 블록, 쟁반 등

활동방법

① 모래에 물을 뿌려서 축축하게 만든 후, 유아 2명 혹은 여러 명이 각자가 쟁반에 모래를 담아 평평하게 만든다.

② 가위, 바위, 보를 통해 이긴 유아가 자신의 모래쟁반에 친한 친구 이름 1명씩 쓴다.

- 모래 위에 글자를 쓰려면 무엇이 필요할까?

③ 다 쓴 후에는 손바닥으로 지우고 다시 숫자나 그림을 그려 본다.

- 손바닥으로 모래를 문지르니까 글자가 어떻게 되었니?
- 어떤 그림을 그려 볼까?

참 고

손바닥이나 발바닥 등 신체의 일부분을 이용해서 모양찍기를 할 수도 있다.

2) 모래 속 자동차 찾기

생활주제 : 교통기관

활동목표

1. 자동차를 촉감으로 변별하여 찾는다.
2. 모래 속에서 보물을 찾는 즐거움을 경험한다.

교육과정 관련요소

2007 개정 유치원교육과정

☞ 건강생활 : 나의 몸 인식하기-감각기관을 활용하기
☞ 탐구생활 : 탐구하는 태도 기르기-탐구과정 즐기기

5세 누리교육과정

☞ 신체운동 · 건강 : 신체 인식하기-감각기관 활용하기
☞ 자연탐구 : 탐구하는 태도 기르기-탐구과정 즐기기

활동자료

모래놀이 상자, 여러 가지 모양의 작은 자동차 6~7쌍, 자동차 모양이 표시된 쟁반, 빗자루 등

활동방법

① 자동차 한 세트는 자동차 모양이 표시된 쟁반에 올려놓고, 다른 한 세트는 미리 모래 속에 감추어 둔다.
② 쟁반에 있는 자동차들 중의 하나를 선택하여 같은 모양의 자동차를 모래

속에서 찾아본다.

③ 익숙해지면 자동차 두 세트를 모두 모래 속에 감추어 놓고, 한 쌍씩 찾아 짝지어 본다.

④ 누가 가장 많이 찾는지 게임 형식으로 할 수 있다.

참 고

숫자카드를 만들어 숫자카드에 나온 숫자만큼 모래 속에 있는 자동차를 찾아 숫자카드와 모래 속에서 찾은 자동차 숫자 맞추기 게임으로 확장할 수 있다.

3) 모래동산 꾸미기

생활주제 : 우리동네

활동목표

친구와 협동하여 모래동산을 창의적으로 꾸민다.

교육과정 관련요소

2007 개정 유치원교육과정

☞ 탐구생활 : 과학적 기초능력 기르기-물체와 물질에 대해 알아보기

☞ 사회생활 : 이웃과 더불어 생활하기-다른 사람을 이해하고 존중하기

5세 누리교육과정

☞ 사회관계 : 다른 사람과 더불어 생활하기-친구와 사이좋게 지내기

☞ 자연탐구 : 과학적 탐구하기-물체와 물질 알아보기

활동자료

마른 나뭇가지, 나뭇잎, 작은돌, 조개껍질, 비닐, 조화, 플라스틱 동물인형, 물 등

활동방법

① 모래를 이용하여 동산을 어떻게 꾸밀 것인가에 대해 이야기 나눈다.

(모래에 물을 적신 후 산같이 높게 쌓는다.)

- 모래를 물로 적시니까 어떻게 되었니?
- 모래동산을 어떻게 만들까?

(모래동산을 두 개 만들어 그 사이에 계곡을 만들어요.)

② 모래를 산같이 높게 쌓은 후 다양한 재료를 이용하여 동산을 꾸민다.

- 수풀이 우거진 산을 꾸미려면 어떻게 해야 할까?

  (나뭇가지를 꺾거나, 돌멩이, 조개껍질 등)

- 계곡을 만들려면 어떻게 해야 할까?

  (비닐을 이용하여 계곡을 만들어요.)

③ 예쁜 동산과 계곡이 생기면 종이배나 수수깡으로 만든 배를 띄어 본다.

참 고

놀이가 끝난 후에 놀잇감을 잘 정리하고 돌멩이나 막대기 등은 제거한다.

4) 두꺼비 집짓기

생활주제 : 우리나라

활동목표

1. 전통놀이에 대해 관심을 가진다.
2. 모래놀이를 통해 공간개념을 형성할 수 있다.

교육과정 관련요소

2007 개정 유치원교육과정

☞ 사회생활 : 사회현상에 관심 가지기-우리나라와 우리 전통문화에 관심 가지기

☞ 탐구생활 : 수학적 기초능력 기르기-공간과 도형에 대해 알아보기

5세 누리교육과정

☞ 사회관계 : 사회에 관심 갖기-우리나라에 관심 갖고 이해하기

☞ 자연탐구 : 수학적 탐구하기-공간과 도형의 기초개념 형성하기

활동자료

모래와 흙이 있는 공터

활동방법

① 모래 속에 한 손을 넣고 그 위에 모래을 덮는다.

② 모래를 덮고 단당하게 두드리면서 노래를 부른다.

③ 노래가 끝나면 손을 살며시 뺀다.

〈노래〉 두껍아 두껍아 헌 집 줄게 새 집 다오.
두껍아 두껍아 물길어 오너라 너희 집 지어 줄게.
두껍아 두껍아 너희 집에 불났다. 솔이랑 가지고 뚤레뚤레 오너라.

참 고

이 놀이는 '옴두꺼비'라고 불리는 독을 가진 두꺼비가 있는데 이 두꺼비는 알을 품으면 평소에 무서워서 피해 다니던 독사를 찾아가 독을 뿜어 내며 있는 힘을 다해 싸운다고 한다. 결국 두꺼비는 독사에게 잡혀 먹게 되지만 독사 뱃속에서 남겨 둔 독을 쏘아 독사도 함께 죽게 한다고 한다. 뱃속의 알들은 엄마 옴두꺼비와 독사를 먹이로 하여 건강한 새끼옴두꺼비로 태어난다고 한다. '두껍아 두껍아 헌 집 줄게 새 집 다오'에서 헌 집은 바로 자식을 위해 자기 몸을 희생하는 어머니를 말하고 새 집은 자식을 뜻한다.

5) 모래로 케이크 만들기

생활주제 : 유치원과 친구

활동목표

1. 젖은 모래의 특성을 안다.
2. 소근육 발달 및 눈과 손의 협응력을 기른다.

교육과정 관련요소

2007 개정 유치원교육과정

☞ 탐구생활 : 탐구하는 태도 기르기-탐구과정 즐기기

☞ 탐구생활 : 과학적 기초능력 기르기-물체와 물질에 대해 알아보기

5세 누리교육과정

☞ 자연탐구 : 탐구하는 태도 기르기-탐구과정 즐기기

☞ 자연탐구 : 과학적 탐구하기-물체와 물질 알아보기

활동자료

깨끗한 모래, 물과 물뿌리개, 여러 가지 모양의 재활용 그릇(과자상자, 쓰지 않는 그릇 등), 케이크를 장식할 수 있는 폐품(막대기, 수수깡, 빨대, 초 등)

활동방법

① 모래 영역에 물을 충분히 뿌려 모래를 젖게 한다.

② 여러 가지 모양의 그릇을 이용하여 케이크를 만든다.

- 모래로 케이크를 어떻게 만들 수 있을까?

- 어떤 모양의 케이크를 만들까?

③ 폐품을 이용하여 케이크를 꾸며 본다.
- 케이크에 어떤 장식을 하면 좋을까?
- 무엇으로 케이크를 꾸밀 수 있을까?
- 케이크를 만들어 꾸며 보니 기분이 어떻니?

④ 모래로 만든 케이크를 놓고 생일 노래를 부르며 생일 축하놀이를 한다.

⑤ 놀이가 끝난 후, 젖은 모래로 만든 케이크가 어떻게 되었나 관찰해 본다.

참 고

① 케이크 뿐만 아니라, 모양 찍기로 찍거나 손으로 빚어서 여러 가지 형태의 과자나 떡을 만들어 음식점 놀이로 확장할 수 있다.

② 계량컵이나 다양한 용기를 이용하여 양의 보존에 관한 실험해 본다.

6) 깨끗한 모래 만들기

생활주제 : 환경과 생활

활동목표

1. 모래의 특성을 안다.
2. 주변을 깨끗이 해야 할 필요성을 안다.

교육과정 관련요소

2007 개정 유치원교육과정

☞ 건강생활 : 건강하게 생활하기-몸과 주변을 깨끗이 하기

☞ 탐구생활 : 과학적 기초능력 기르기-생명체와 자연환경 소중하게 여기기

5세 누리교육과정

☞ 신체운동・건강 : 건강하게 생활하기-몸과 주변을 깨끗이 하기

☞ 자연탐구 : 과학적 탐구하기-생명체와 자연환경 알아보기

활동자료

여러 가지 크기의 체와 조리 등

활동방법

① 체나 조리로 모래를 걸러 낸다.

- 이 체로 거르니까 모래가 어떻게 되었니?
- 무엇이 걸러졌니?

② 여러 크기의 체나 조리를 이용하여 걸러진 모래를 비교해 본다.

- 어느 모래가 더 고우니?
- 왜 다를까?

③ 모래를 깨끗이 관리해야 할 필요성에 대해 이야기 나눈다.

- 모래가 지저분하고 큰 돌멩이가 섞여 있으면 모래놀이할 때 어떨까?
- 모래를 늘 깨끗이 하려면 어떻게 사용해야 할까?

참 고

모래를 거를 때 다른 친구에게 모래가 뿌려지지 않도록 주의시킨다.

제 6 장

목공놀이

1. 목공놀이의 정의 및 교육적 가치
2. 환경구성
3. 목공놀이의 발달단계
4. 목공놀이 자료의 종류
5. 놀이지도 시 교사의 역할
6. 활동의 실제

1. 목공놀이의 정의 및 교육적 가치

목공놀이란 유아가 나무조각과 망치, 못, 드릴 등의 실물연장이나 모형목공도구를 사용해서 직접 만지고 조작하여 간단한 구성물을 만들어 보는 활동을 말한다.

목공놀이는 유아들이 많은 관심과 흥미를 가지고 있으면서도 비교적 유치원에서 소홀히 하기 쉬운 놀이이다. 유아들은 목공놀이를 통해 즐거움과 만족감, 성취감 등을 느낀다.

목공놀이의 교육적 가치를 살펴보면 다음과 같다.

첫째, 목공놀이를 통하여 주의집중력이 증진된다.

유아는 구성물을 구상하고 치수를 측정하고 목공도구를 이용해 못을 박는 등의 과정에 몰두하게 되므로 주의집중력이 증진된다.

둘째, 목공놀이를 통하여 유아들은 물체의 부분과 전체와의 관계, 공간관계, 그리고 원인과 결과의 관계를 경험하게 된다.

셋째, 목공놀이를 통하여 나무토막의 길이, 무게, 두께 등을 측정하고 비교하는 과정에서 수세기, 1 대 1 대응, 분류, 서열 등의 수개념이 발달된다.

넷째, 부정적 감정을 목공놀이를 통해 표출함으로써 정서발달을 촉진시킨다.

다섯째, 목공놀이를 통하여 대 · 소근육의 발달과 눈과 손의 협응력이 촉진되며 감각기능이 발달된다.

여섯째, 목공놀이를 개척하고 실행하는 과정에서 문제해결력, 입체구성력 및 창의성이 발달된다.

일곱째, 목공놀이를 통해 자신이 만든 완성된 구조물에 대한 자신감과 성취감을 가짐으로써 긍정적 자아개념이 발달하고 친구들과 협동하는 경험을 통해 사회성이 발달된다.

2. 환경구성

목공놀이 영역은 소음이 많이 생김으로 다른 영역에 방해가 되지 않는 장소나 별도의 공간에 배치하는 것이 좋다. 항상 설치해 두기보다 유아의 흥미, 발달 수준, 교육 내용에 따라 설치 · 운영하도록 한다. 특히 위험한 연장이 사용되므로 안전을 위해 유아들의 통행이 빈번하지 않으며 교사가 쉽게 관찰할 수 있는 위치에 설치해야 하며, 이용하는 유아의 수를 4~5명으로 제한한다.

목공놀이대는 유아들의 키에 맞는 크기와 높이의 것으로 표면이 단단한 것을 준비해 주고, 놀이에 사용할 연장도 튼튼한 것으로 제시해 주며, 자석을 준비해서 못이나 압정, 나사 등을 엎질렀을 때 집어 올리게 한다. 보관시 정리가 잘 될 수 있도록 각종 도구와 연장의 그림이나 이름을 서랍, 도구장에 그려 주어 정리정돈이 습관화되도록 한다.

만든 작품을 전시할 수 있는 전시대, 미완성 작품을 보관할 수 있는 보관대를 마련한다.

3. 목공놀이의 발달단계

목공놀이를 할 수 있는 능력은 단계별로 발달되는데 정문자, 지혜린과 이숙재(1987)는 Brandhofer, Moffitt의 주장을 근거로 하여 유아기의 목공놀이 발달단계를 다음과 같이 3단계로 분류하였다.

1) 제1단계 : 목공놀이에 관심 가지기 단계(2~3세)

이 단계의 유아는 목공놀이의 과정에 관심을 보이며 모든 감각기능을 발휘하여 목공놀이 도구나 재료를 탐색한다.

2세 유아는 나무 냄새를 맡거나 나무조각 만지기를 즐길 뿐만 아니라 나무조각을 이리 저리로 옮기거나 나무더미를 쌓고 무너뜨리기를 좋아한다.

3세가 되면 나무에 못을 박거나 톱질하는 기술이 조금씩 향상되고, 이런 경험으로 인하여 자아존중감을 갖게 된다.

2) 제2단계 : 구조물에 이름을 붙이는 단계(4세)

이 단계의 유아는 두 개의 나무토막을 접착제와 못을 사용하여 연결시키거나 자신이 만든 구조물에 이름을 붙이는 단계이다.

3) 제3단계 : 생산단계(5세)

이 단계의 유아는 목공놀이를 시작할 때부터 무엇을 만들겠다는 의도(예 : 자동차, 배, 비행기 등)를 가지고 목공놀이를 시작한다. 점차 목공놀이 경험을 많이 하여 기술이 발달되면 복잡한 형태의 구조물을 만들 수 있게 된다.

4. 목공놀이 자료의 종류

1) 목공작업대

유아의 키에 알맞은 높이의 목공작업대를 제공하며, 교실에 둘 경우에는 두꺼운

비닐장판을 바닥과 테이블 위에 깔아서 소음을 줄이도록 한다.

2) 연 장

망치, 드라이버, 대패, 펜치, 드릴, 철사절단기, 송곳, 톱, C크램프(c-cramp : 톱질이나 망치질을 할 때, 나무토막을 고정시키기 위하여 사용하는 도구) 등

3) 제도 용품

미터자, 접자, 보통 연필과 편평한 목공용 연필 등

4) 목공놀이 보조자료

가위, 끈, 못(다양한 크기), 압정, 테이프, 가죽, 철사, 종이접게, 아교(풀), 작은 바퀴, 스티로폼판, 골판지, 단추, 필름통, 쓰고 난 주사기, 호스, 물뿌리개, 스펀지, 병뚜껑, 캔 따개, 타일, 리놀륨, 모래종이, 물감, 페인트, 니스, 붓, 너트, 볼트, 훅, 비, 쓰레받기, 천조각, 작업장갑, 작업복, 자석, 고무조각, 순한 목욕비누(톱날에 비누를 칠하면 매끄럽게 작업할 수 있다.) 등

5) 나 무

다양한 크기와 모양의 나무를 공급한다. 흰빛이 도는 소나무는 재질이 부드럽고 만지기가 수월하므로 유아들이 목공놀이하기에 가장 적절한 나무이다. 이 밖에 전나무, 가문비나무, 베니어판을 제공할 수도 있다

5. 놀이지도 시 교사의 역할

목공놀이는 다양한 도구를 이용하여 직접 만지고 조작하고 두드리며 노는 가운데 실제 세계를 재창조하는 활동으로 유아의 발달에 많은 도움을 준다. 그러므로 유아들이 목공놀이를 즐거우면서도 안전하게 할 수 있도록 돕는 교사의 역할을 살펴보면 다음과 같다.

첫째, 유아가 목공놀이와 도구에 흥미를 갖도록 사전활동으로 목공소, 제재소, 가구공장 등을 견학하여 사전에 여러 가지 지식을 얻을 수 있도록 계획하여야 한다. 또한 목공과 연관되는 자원인사, 예를 들어 목수, 조각가, 건축가, 가구제조업자 등을 초청하여 유아의 목공에 대한 흥미와 이해를 높이도록 한다.

둘째, 안전관리를 위해 목공놀이할 때 지켜야 할 규칙과 주의점에 대하여 유아들과 충분한 이야기를 나눈 후 지도한다.

- 목공놀이에 함께 참여할 적절한 인원수를 토의하여 결정한다.
- 목공놀이 도구를 이용하여 친구와 싸우지 않도록 규칙을 정한다.
- 못이나 작은조각을 입에 넣지 않도록 한다.

- 목공놀이할 때는 반드시 보안용 안경을 써서 눈을 보호하게 한다.

셋째, 교사나 보조교사가 항상 감독하여 망치나 톱 등 목공도구를 올바르게 사용하는 방법을 설명해 주고 직접 시범을 보이며 안전하게 지도한다.

넷째, 유아의 연령이나 개인차에 따라 단계적으로 적절한 목공놀이 도구와 활동을 제공한다.

- 유아들이 나무를 직접 다루는 것이 힘든 초기에는 스티로폼 조각에 못을 박아보거나 원으로 오려낸 고무조각을 스티로폼에 부착하여 자동차 등의 사물을 만들어 볼 수 있게 한다.
- 요구르트병으로 만든 망치나 작은 고무망치로 스티로폼판에 나무젓가락을 잘라 만든 나무못을 박아보거나 톱 대신 케이크 자르는 플라스틱칼로 스티로폼을 잘라 보게 할 수도 있다.

다섯째, 목공놀이할 때에는 서투르지만 유아가 못박기나 톱질을 해 볼 수 있는 충분한 시간적 여유를 주어 완성하여 볼 수 있게 함으로써 자신이 시작한 일은 마무리하는 습관을 기르고, 성취감과 자신감을 느낄 수 있게 한다.

여섯째, 목공놀이의 결과보다 과정에 초점을 맞추어 유아가 놀이를 하면서 다양한 탐색과 문제해결 과정을 경험하도록 지도한다.

6. 활동의 실제

1) 표지판 만들기

생활주제 : 유치원과 친구

활동목표

1. 나무 및 다양한 재료를 이용하여 창의적인 방법으로 표지판을 구성할 수 있다.
2. 목공도구를 안전하고 바르게 사용한다.

교육과정 관련요소

2007 개정 유치원교육과정

☞ 건강생활 : 나의 몸 움직이기-도구 및 놀이시설을 활용하기
☞ 탐구생활 : 과학적 기초능력 기르기-간단한 도구와 기계 활용하기

5세 누리교육과정

☞ 신체운동·건강 : 안전하게 생활하기-안전하게 놀이하기
☞ 자연탐구 : 과학적 탐구하기-간단한 기계와 도구 활용하기

활동자료

여러 가지 크기의 나무판, 목공놀이 도구(톱, 망치, 나사못, 가위, 연필, 사포, 자 등), 종이, 접착제 등

활동방법

① 바깥놀이할 때 특별한 표시가 필요한 곳이 있는지 이야기 나눈다.
(물놀이 영역, 모래놀이 영역 등)

② 어떤 표지판을 만들지 생각하여 종이에 그려 본다.
- 어떤 표지판을 만들까?

③ 목공도구를 사용할 때 안전하고 바르게 사용하도록 유아들과 이야기 나눈다.
- 목공도구를 사용할 때 어떤 점을 조심해야 할까?
- 조심하지 않으면 어떤 일이 일어날까?
- 사용하고 난 후에는 어떻게 해야 할까?

④ 사포로 나무를 다듬은 후 그림을 나무판에 못을 박거나 접착제로 붙여 표지판을 만든다. 또한 표지판을 튼튼하게 세울 방법에 대해 이야기 나눈다.
- 완성된 표지판을 어디에 어떻게 세울까?

2) 코르크판에 못박기

생활주제 : 생활도구

활동목표

1. 못과 망치의 사용법을 안다.
2. 망치를 이용해서 못을 박을 수 있다.

교육과정 관련요소

2007 개정 유치원교육과정

☞ 건강생활 : 나의 몸 움직이기-도구 및 놀이시설을 활용하기
☞ 탐구생활 : 과학적 기초능력 기르기-간단한 도구와 기계 활용하기

5세 누리교육과정

☞ 신체운동 · 건강 : 안전하게 생활하기-안전하게 놀이하기
☞ 자연탐구 : 과학적 탐구하기-간단한 기계와 도구 활용하기

활동자료

큰 코르크판, 나무 조각, 우레탄 조각, 못, 나무망치 등

활동방법

① 미리 준비된 자료(큰 코르크판, 우레탄 조각, 나무 조각, 못, 망치 등)를 살펴보면서 어떤 놀이를 하는 것인지 생각해 보고 이야기 나눈다.
- 자료를 가지고 어떤 놀이를 하면 좋을까?

② 코르크판에 조각을 올려놓고, 못을 박아 고정시킨다.

③ 못과 망치를 안전하게 사용할 수 있도록 유아들과 협의하여 규칙을 정한다.

- 못과 망치를 안전하게 사용하려면 어떻게 해야 할까?
- 친구가 가까이 있을 때 망치를 위로 번쩍 들어 내리치면 어떻게 될까?
- 그럼 망치는 어떻게 사용해야 할까?

④ 우레탄 조각과 나무 조각을 나름대로 배치하면서 창의적으로 표현해 본다.

3) 촛대 만들기

생활주제 : 우리나라

활동목표

1. 촛대의 형태에 관심을 가진다.
2. 눈과 손의 협응력이 발달하고 신체활동을 통해 만족감을 느낀다.

교육과정 관련요소

2007 개정 유치원교육과정

☞ 건강생활 : 나의 몸 움직이기-도구 및 놀이시설을 활용하기

☞ 사회생활 : 사회현상에 관심 가지기-우리나라와 우리 전통문화에 관심 가지기

☞ 탐구생활 : 과학적 기초능력 기르기-간단한 도구와 기계 활용하기

5세 누리교육과정

☞ 신체운동・건강 : 안전하게 생활하기-안전하게 놀이하기

☞ 사회관계 : 사회에 관심 갖기-우리나라에 관심 갖고 이해하기

☞ 자연탐구 : 과학적 탐구하기-간단한 기계와 도구 활용하기

활동자료

우리나라의 옛날 촛대와 현대식 촛대(실물자료나 그림자료), 둥근 나무토막, 네모난 나무토막, 초, 대못, 양초, 레이스, 접착제, 구슬 등

활동방법

① 옛날 촛대와 현대식 촛대의 실물자료나 그림자료를 보면서 이야기를 나눈다.

- 이것은 어디에 쓰는 것일까?
- 초는 어떻게 꽂는 걸까?

② 둥근 나무토막에 못을 박아 촛대를 만든다.

- 어떤 모양의 촛대를 만들고 싶니?
- 촛대를 만들어 어디에 사용하면 좋을까?

(친구 생일날 촛대에 불을 붙여 축하해 주고 싶어요. 크리스마스 때 엄마, 아빠랑 촛불을 켜고 산타할아버지를 기다리고 싶어요.)

③ 레이스나 구슬 등으로 나무 토막 주위를 장식한다.

④ 초를 꽂아 촛대를 사용해 본다.

4) 집을 만들어요

생활주제 : 환경과 생활

활동목표

1. 일상생활에서 사용되는 도구에 관심을 가지고 사용한다.
2. 집의 형태에 관심을 가진다.

교육과정 관련요소

2007 개정 유치원교육과정

☞ 건강생활 : 나의 몸 움직이기-도구 및 놀이시설을 활용하기
☞ 탐구생활 : 수학적 기초능력 기르기-공간 및 도형에 대해 알아보기
☞ 탐구생활 : 과학적 기초능력 기르기-간단한 도구와 기계 활용하기

5세 누리교육과정

☞ 신체운동·건강 : 안전하게 생활하기-안전하게 놀이하기
☞ 자연탐구 : 수학적 탐구하기-공간과 도형의 기초개념 형성하기
☞ 자연탐구 : 과학적 탐구하기-간단한 기계와 도구 활용하기

활동자료

집 그림카드, 골프공 핀, 나무망치, 목공놀이판, 하드보드지 등

활동방법

① 하드보드지 위에 스티로폼판을 붙여 목공놀이판을 만든다.
② 목공놀이판과 망치, 골프공 핀을 보며 이야기를 나눈다.

- 망치를 사용해 본 적이 있니?
- 어떻게 사용해야 안전할까?

③ 목공놀이 방법에 대해 이야기 나눈다.

- 이것으로 무엇을 할 수 있을까?
  (목공놀이판에 골프공 핀을 박아봐요.)

④ 목공놀이판 위에 집이 그려진 얇은 종이를 깔고, 집의 형태에 따라 표시된 점 위에 핀을 박아본다.

참 고

목공놀이판에 골프공 핀을 많이 박은 다음, 고무줄로 엮어 다양한 모양을 구성하는 놀이를 해 볼 수 있다.

5) 선따라 못질하기

생활주제 : 생활도구

활동목표

1. 눈과 손의 협응력이 발달한다.
2. 목공도구를 안전하고 바르게 사용한다.

교육과정 관련요소

2007 개정 유치원교육과정

☞ 건강생활 : 나의 몸 움직이기-도구 및 놀이시설을 활용하기
☞ 탐구생활 : 수학적 기초능력 기르기-공간 및 도형에 대해 알아보기
☞ 탐구생활 : 과학적 기초능력 기르기-간단한 도구와 기계 활용하기

5세 누리교육과정

☞ 신체운동·건강 : 안전하게 생활하기-안전하게 놀이하기
☞ 자연탐구 : 수학적 탐구하기-공간과 도형의 기초개념 형성하기
☞ 자연탐구 : 과학적 탐구하기-간단한 기계와 도구 활용하기

활동자료

플라스틱 망치, 두께가 다른 스티로폼, 길이와 굵기가 다른 못, 사인펜, 유성매직

활동방법

① 준비된 자료와 목공도구를 살펴본 후, 안전하고 바른 사용법에 대해 이야기 나눈다.

- 이것으로 무엇을 할 수 있을까?
- 어떻게 사용해야 할까?

② 스티로폼 위에 유아가 원하는 그림을 그린 후 못을 박는다.

- 이 스티로폼에는 어떤 못을 박는 것이 좋을까?
  (이 때 스티로폼 두께에 따라 다른 길이의 못을 사용한다.)
- 왜 그 못을 박아야 할까?

③ 완성된 작품에 대해 이름을 붙여 본다.

참 고

처음에는 스티로폼과 플라스틱 망치 또는 고무망치를 제공하고, 익숙해지면 나무 조각과 유아용 쇠망치를 제공한다.

6) 자동차 만들기

생활주제 : 교통기관

활동목표

1. 자동차 구조에 대해 안다.
2. 손과 눈의 협응력을 기른다.

교육과정 관련요소

2007 개정 유치원교육과정

☞ 건강생활 : 나의 몸 움직이기-도구 및 놀이시설을 활용하기
☞ 탐구생활 : 수학적 기초능력 기르기-공간 및 도형에 대해 알아보기
☞ 탐구생활 : 과학적 기초능력 기르기-간단한 도구와 기계 활용하기

5세 누리교육과정

☞ 신체운동·건강 : 안전하게 생활하기-안전하게 놀이하기
☞ 자연탐구 : 수학적 탐구하기-공간과 도형의 기초개념 형성하기
☞ 자연탐구 : 과학적 탐구하기-간단한 기계와 도구 활용하기

활동자료

여러 형태의 나무 토막, 여러 가지 재활용 뚜껑, 망치, 접착제, 못, 색종이, 스티커, 장난감 타이어, 자동차 팜플렛, 사포 등

활동방법

① 사포를 이용하여 나무 토막을 다듬는다.

② 준비된 자료를 이용하여 유아들이 생각하는 자동차의 몸체와 바퀴, 창문, 라이트 등을 만든다.

③ 자동차가 완성되면 색종이, 스티커, 자동차 팜플렛 등을 이용하여 꾸민다.

참 고

모래놀이에서 자동차 길을 만들어 함께 활용하면 더욱 효과적이다.

제 7 장

게 임

1. 게임의 정의 및 교육적 가치
2. 환경구성
3. 게임의 유형
4. 놀이지도 시 교사의 역할
5. 활동의 실제

1. 게임의 정의 및 교육적 가치

게임은 흔히 놀이와 혼돈하여 쓰여지는데 둘 다 즐거움이 있는 지적, 신체적 활동이지만 차이점은 게임은 집단구성원, 일정한 규칙, 승부욕을 가진다는 것이다.

게임의 사전 정의는 "놀이 패턴이 구체화되어 이루어진 형태(Good, 1973)"로서 현실 장면의 축소 · 단순화된 조작적 모형으로 유아들에게 다양한 역할과 사상의 대리 참여 기회를 제공해 주는 것이다.

Weininger(1979)에 의하면 "놀이가 발전되어 게임이 되지만 둘은 서로 다르다. 게임은 그 자체에 의해 부여된 장애(obstacle)와 규칙(rule)을 지니는 반면에 놀이는 유아에 의해 변화될 수 있다."고 하면서 게임의 시작 시기와 게임의 긍정적 요소를 다음과 같이 지적하였다.

"유아들은 성인들에 대한 동일시(identification)가 이루어진 다음에야 규칙이 부과된 게임을 즐길 수 있게 될 것이다. 게임은 사회성 발달을 도모하며, 타인과의 공존을 학습하도록 촉진하며, 사회구조에 대처할 수 있게 한다. 즉 게임은 사회화 과정의 한 부분이 된다. 이 때 게임은 성인들로 하여금 규칙 수용성, 타인과의 어울림, 구체적인 활동의 목표, 사회적 관계형성 등과 같은 유아 능력을 평가할 수 있는 기회를 주게 된다."

이외에도 게임은 유아의 발달에 중요한 영향력을 행사한다.

즉, 풍부한 학습 상황을 제공해 주고, 상호작용 과정에서 요구되는 방법과 규칙을 창조하고, 비언어적인 행동을 이해할 수 있게 하는 가치로운 훈련을 제공한다.

결국 게임은 조직적인 놀이이며, 경쟁성이 있고, 둘 이상의 편이 있으며, 승자결정을 위한 기준이 있고, 일치된 규칙이 있는 활동이라고 결정할 수 있겠다.

유아들은 대 · 소집단으로 여러 종류의 게임을 경험하면서 다음과 같은 목적을 달성하게 한다.

① 운동신경 및 운동감각이 예민하게 된다.

② 자제력 및 자신감을 기르며, 올바른 운동정신을 갖게 된다.

③ 바른 자세와 신체의 균형적 발달을 한다.

④ 정서적 만족감을 갖는다.

⑤ 단체의 일원으로서 규율을 지키고 공통된 목적을 달성하기 위해 함께 협력해야 함을 배운다.

⑥ 타인의 성공을 기뻐해 주는 마음을 갖게 된다.

⑦ 스스로의 잘못을 반성하고 타인의 지적을 수렴하는 태도를 갖는다.

⑧ 단체의 일원으로 공평한 참가를 배운다.

⑨ 의사결정(decision-making)과정에 참여하는 기회를 가짐으로써 사회 적응의 과정을 배운다.

2. 환경구성

어떤 게임을 할 것인지 선택하는 것이 가장 기본이 된다.

좋은 게임이란 유아가 지니는 모든 힘을 최대한 발휘하여 움직이게 하고, 장기간 흥미가 지속되며 능력을 최대한 개발시킬 수 있는 것이어야 한다.

따라서 게임의 선정조건은 다음과 같다(정진, 1997).

① 유아 발달 단계에 맞는 게임을 선택한다.

② 집단에 적합한 게임을 선택한다. 규칙을 변경하더라도 유아가 할 수 있고, 즐거운 것으로 집단구성원의 흥미도, 성취감, 환경이나 진행상의 안전을 충분히 고려한다.

③ 장소와 시간에 알맞는 게임을 선택한다.

④ 게임 자체의 신체적, 인지적, 정서적, 사회적 목적에 따라 선택한다.

⑤ 유아교육과정에 따른 단원 또는 일과 진행에 따라 구조화된 게임을 선택할 수 있다.

3. 게임의 유형

1) 원게임

원게임은 주로 학기 초에 유아들이 둥글게 앉아서 하는 지시와 규칙이 적은 게임을 말한다.

원게임은 집단에 대한 소속감을 느끼게 할 뿐 아니라 간단한 규칙을 이해하고 지키는 경험을 할 수 있다. 이기고, 지는 결과가 뚜렷이 구분되지 않으므로 누구나 성취감을 느끼며 자신감을 형성할 수 있다.

원으로 집단을 구성하여 게임을 실시할 때 다음과 같은 방법으로 지도를 할 수 있다.

① 유아들을 둥글게 의자나 바닥에 앉게 한다.

② 교사는 게임에 대한 동기 유발을 여러 가지 자료와 활동(그림자료, 인형, 노래 부르기, 수수께끼, 실제 준비물)을 이용하여 유도한다.

③ 게임의 방법과 규칙은 적절한 질문과 준비된 자료를 제시하여 정해 보도록 지도한다.

④ 게임은 개별적으로 움직이는 활동 뿐만 아니라 2~3명씩 한꺼번에 움직여야 하는 활동 등을 다양하게 경험시킨다.

⑤ 게임을 하는 도중 교사는 유아의 이해 정도와 흥미를 파악하고 평가하도록 한다. 따라서 평가는 과정 중심으로 한다.

⑥ 게임 후 정리 정돈을 하도록 하고 게임에 사용된 자료는 흥미를 지속시키는

데 도움이 될 수 있도록 정당한 흥미 영역에 마련해 줄 수 있다.

2) 자유대형 게임

일정한 대형 없이 교사와 유아가 함께 하는 게임의 형태이다.

원게임과 마찬가지로 지시가 적으며, 이기고 지는 결과가 뚜렷이 구분되지 않으며, 자유롭게 장소를 이동하면서 공간을 탐색하고 자신의 신체를 최대한 활용해 볼 수 있다는 특징이 있다.

게임이 시작되기 전에 게임방법과 규칙에 대해 충분히 이야기를 나누어 결정한 후 활동을 진행해야 한다.

게임의 종류로는 손유희를 활용한 게임, 신체 마주대기, 짝짓기, 모양식구 찾기 등이 있다.

3) 편게임

두 편으로 집단을 나누어 게임을 하는 것으로 편의식이 있어야 하며, 게임에 필요한 지시와 규칙이 많은 게임유형이다.

그러므로 게임의 의미와 규칙을 잘 지켜야 한다는 인식이 된 후 편게임을 실시하도록 한다.

편게임은 유아의 개별적 성과보다는 자기편을 위한 협력으로 성취감을 느낄 수 있으며, 다른 친구의 활동이 유아들의 흥미와 동기 유발에 자극제가 될 수 있다.

편게임을 실시할 때 구체적인 지도방법을 살펴보면 다음과 같다.

① 게임을 하기 전에 출발선과 목적물을 준비해 둔다.

② 유아들을 양편으로 나누어 의자 혹은 바닥에 앉힌다.

③ 양편의 수를 유아들과 함께 비교 · 확인해 본다. 확인해 보는 방법으로는 마주 보는 상대편 친구와 가운데에서 만나 인사하는 방법, 악수하는 방법 등의 짝짓는 방법과 수세기와 관련된 노래 열 꼬마 인디언을 부르면서 짝을 지어 볼 수 있다. 양편의 수가 같지 않을 경우에는 유아들과 의논하여 문제를 해결해 볼 수 있다.

④ 게임의 흥미를 더하기 위해 편의 이름을 정해 본다. 유아들이 이름을 정할 수 있도록 구체적인 범위를 제시해 줄 수 있다. 예를 들어, '가을에 나는 과일이름 중에서 정해 보자', '동물 이름 중에서 정해 보자'라고 제시가 되면 유아들은 먼저 과일의 종류나 동물의 종류를 생각하게 될 것이고, 전체와 부분과의 관계를 이해시키는 데에도 도움을 줄 수 있다.

⑤ 준비된 자료를 이용하여 게임 방법을 유도해 낸다. 교사는 일방적 지시의 설명이 아니라 준비된 자료와 적절한 질문으로 자극을 주어 유아들이 방법과 규칙을 생각하고 정해 볼 수 있도록 도움을 준다.

⑥ 게임의 결과보다 정해진 방법과 규칙을 지켜야 함을 강조해 둔다.

⑦ 교사는 유아들이 게임을 잘 이해하지 못하거나 지나치게 흥분했을 때 개입하여 감정을 조절할 수 있는 기회를 줄 수 있다.

⑧ 평가는 과정중심으로 유아들과 함께 하도록 한다. 특히, 게임하기 전에 정했던 규칙을 잘 지켰는지 평가해 볼 기회를 준다. 규칙이 잘 지켜지지 않았을 경우에는 승패를 가리지 않거나 진 것으로 평가하여 규칙에 대한 강조를 할 수 있다.

⑨ 이긴 편을 너무 부추기거나 우월감을 갖도록 하여 지나치게 승부에 매달리지 않도록 유의해서 지도한다. 그러므로 만세를 부르게 한다거나 이긴 편에게만 박수를 치는 것은 바람직하지 않다.

⑩ 게임을 하고 난 자리와 준비물을 함께 정리 정돈하도록 지도한다.

4. 놀이지도 시 교사의 역할

게임활동의 참여를 거부하는 유아에게는 처음부터 참여를 강요하지 않으며 교사는 유아가 참여하려 하지 않는 원인을 알아내고 해결하는 방안을 모색한다. 교사는 이해와 끈기를 갖고 계속 유아를 자극하고 격려하여 차츰 참여할 수 있도록 한다.

유아기는 발달적 측면에서 볼 때 아직 게임을 능숙하게 운영할 만큼 성숙하지 못하기 때문에 교사는 게임을 제시할 때 다음의 몇 가지를 고려해야 한다.

① 게임의 유형을 단계별로 제시한다. 게임은 유아들이 정해진 규칙에 따라 놀이를 수행해 나가는 것으로서 다른 놀이에 비해 자유가 적고, 사회성이 많이 발달되어야 하며, 객관적인 규칙을 이해할 수 있어야 한다. 따라서 게임을 단계별로 제시할 필요가 있다.

학기 초에는 단순한 내용, 규칙, 지시가 적은 원게임, 또는 자유대형 게임을 다양하게 제시하여 유아들이 게임에는 어떤 규칙이 있고 정해진 규칙은 반드시 준수해야 함을 알게 한 후 편게임을 제시한다.

② 안정된 상태에서 게임에 대한 설명을 한다. 우선 게임의 대형으로 앉혀 자리 정돈이 된 후, 교사는 게임에 대한 설명(약속, 승부 판별기준, 게임 내용)을 한다.

③ 게임을 통하여 유아의 인지적인 발달의 촉진을 돕는다. 즉, 교사가 게임의 자료를 제시하고, 유아들이 게임의 방법을 만들어 보는 기회를 제공할 수 있다. 또한 게임을 한 후 유아들이 스스로 평가해 보도록 하거나, 게임 시작 전에 미리 지켜야 할 약속이나 규칙을 유아들이 찾아보도록 할 수 있다.

④ 승부는 게임이 목적하는 사항을 준거로 한다. 유아들은 게임에 참가하는 중에 지나친 승부욕으로 상대편에게 적대성을 나타내거나, 게임의 목적에 위반되는 태도를 보인다. 따라서 교사는 게임의 결과보다 과정의 중요성을

느낄 수 있도록 평가와 아울러 게임에 임하는 태도(끝까지 임무를 수행했나, 질서를 지켰다 등)도 함께 평가해 주어 지나치게 승부에 집착하지 않도록 도와주어야 한다.

교사의 태도는 유아의 활동에 많은 영향을 미치므로 교사는 결과로 나타나는 승부보다 과정의 중요성을 강조하고 즐길 수 있는 시간이 되도록 노력한다.

⑤ 게임 도중에 유아들이 지나치게 흥분했을 때에는 잠시 중단시켜 감정을 조절할 수 있는 기회를 준다.

⑥ 자율감을 부여한다. 규칙을 자율적으로 준수함으로써 경쟁적인 태도를 규제할 수 있다. 게임에서의 규칙은 생활에 대한 규칙이므로 참가자 전원이 이 규칙을 지키게 되므로 유아들 스스로가 규칙을 만들 수 있는 특별한 기회를 가지게 되고, 유아 스스로 규칙에 따라야 할 필요성을 인식했을 때에는 압박감으로서가 아니라 자발적으로 그 규칙을 받아들이게 되고 규칙을 지켜야 할 필요성을 이해하게 된다. 따라서 유아 자신이 스스로를 조정하여 공정한 놀이자가 될 수 있게 지도하는 것이 중요하다.

⑦ 게임시의 규칙과 그에 따른 태도, 행동 등이 생활화되도록 지도한다. 게임의 규칙에 대해서 교사는 유아들로 하여금 지식을 아는데 그치지 않고 그것을 행동에 옮기게 하고, 습관화하게 하고, 사회생활에 바람직한 태도를 갖게 해야 한다. 교사는 태도나 행동에서 규칙과 질서를 존중하는 태도를 스스로 보이고 정해진 규칙을 일관성 있게 지도해야 한다. 그리고 집단에 따라 지켜야 할 규칙을 지키지 않았을 때의 벌칙은 유아와 함께 의논하여 결정한다. 교사의 자의적인 결정에 의한 벌칙보다 유아들 스스로 정한 벌칙이 더 효과적이다.

5. 활동의 실제

1) 어느 가게에서 파는 물건일까?

생활주제 : 우리 동네

활동목표

1. 가게의 종류에 따라 파는 물건이 다름을 안다.
2. 다양한 물건을 종류에 따라 분류할 수 있다.

교육과정 관련요소

2007 개정 유치원교육과정

☞ 건강생활 : 나의 몸 움직이기-이동하며 움직이기

☞ 사회생활 : 이웃과 더불어 생활하기-질서와 규칙지키기

☞ 사회생활 : 사회현상에 관심 가지기-주변 지역에 관심 가지기

5세 누리교육과정

☞ 신체운동·건강 : 신체 조절과 기본 운동하기-이동하며 운동하기

☞ 사회관계 : 사회에 관심 갖기-지역사회에 관심 갖고 이해하기

☞ 사회관계 : 사회에 관심 갖기-사회적 가치를 알고 지키기

활동자료

과일가게, 옷가게, 생선가게, 빵가게, 신발가게, 문구점 그림자료, 여러 가지 과일, 옷, 생선, 신발, 문구류 그림카드, 그림카드를 담은 바구니 2개, 게임점수

판, 호루라기 등

활동방법

① 여러 가지 가게와 가게에서 파는 물건에 대해 알아본다.
- 시장에 가 본 적 있니?
- 시장에는 어떤 가게들이 있을까?
- 각 가게에서 파는 물건들은 무엇일까?
- 어떤 가게에서 파는 물건인지 찾아 줄 수 있을까?

② 편을 나누고, 편게임 대형으로 앉는다.

③ 게임 규칙을 정한다.
- 출발선에 맞춰 선다.
- 호루라기 소리에 맞춰 출발한다.
- 바구니에 있는 물건 그림카드를 한 장씩 고른다.
- 가게 그림판 앞에 가서 가게와 물건의 짝을 찾아 붙여 준다.
- 출발선으로 되돌아온다.
- 먼저 돌아오는 유아에게 게임점수를 준다.

④ 게임이 끝난 후 어느 팀이 승리했는지 알아본다.
- 어느 팀이 이겼는지 보자.
- 게임점수는 어느 팀이 많니?
- 응원점수는 어느 팀이 많니?
- 규칙점수는 어느 팀이 많니?
- 전체점수는 어느 팀이 많니?

⑤ 게임활동을 평가한다.
- 승리한 팀과 진팀 모두에게 박수쳐 주자.

참 고

① 물건 그림카드는 한 번에 한 장씩만 꺼내도록 한다.

② 게임판 점수는 게임점수, 응원점수, 규칙점수로 나눠 줄 수 있다.

③ 게임에 끝까지 참여하도록 한다.

2) 이구동성

생활주제 : 나와 가족

활동목표

1. 다양한 가족 구성원이 있음을 안다.
2. 가족이나 친척을 부르는 호칭을 안다.

교육과정 관련요소

2007 개정 유치원교육과정

☞ 언어생활 : 듣기-낱말과 문장 듣고 이해하기
☞ 언어생활 : 말하기-낱말과 문장으로 말하기
☞ 사회생활 : 이웃과 더불어 생활하기-질서와 규칙지키기

5세 누리교육과정

☞ 의사소통 : 듣기-낱말과 문장 듣고 이해하기
☞ 의사소통 : 말하기-낱말과 문장으로 말하기
☞ 사회관계 : 사회에 관심 갖기-사회적 가치를 알고 지키기

활동자료

가족 그림카드

활동방법

① 가족가계도와 가족 그림카드를 보면서 가족을 부르는 호칭을 알아본다.
- 우리 가족이나 친척을 생각해 보자.

- 가족과 친척을 어떻게 부르는지 알아보자.

② 편을 나누고, 편게임 대형으로 앉는다.

③ 게임 규칙을 정한다.

- 문제 내는 팀의 순서를 정한다.
- 한 팀에서 대표가 나와 가족 그림카드 한 장을 뽑는다.
- 상태 팀이 보이지 않도록 카드를 숨기고 자기 팀에게 보여 준다.
- 팀에서 나올 유아의 순서를 정하고, 가족을 부르는 글자 수 만큼 유아가 나온다.
- 각자 맡을 단어를 정한다.
- 하나, 둘, 셋 하면 동시에 자신이 맡은 가족 글자를 소리 낸다.
- 이 소리를 들은 상태 팀은 가족을 부르는 글자가 무엇인지 맞춘다.
- 세 번의 기회를 준다.
- 가족 그림카드를 보여주고 정답을 확인한다.
- 문제를 맞춘 팀에게 점수카드를 준다.
- 팀을 바꿔 문제를 낸다.

④ 게임을 평가한다.

- 어느 팀의 점수가 많니?
- 모두에게 잘했다 응원해 주자.
- 가장 재미있었던 점은 무엇이었니?
- 가장 힘든 점은 무엇이었니?

참 고

이구동성의 뜻을 충분히 설명해 준다.

이구동성이란 입은 다르나 목소리는 같다는 뜻으로 여러 사람이 말을 한 음만 동시에 소리 내는 것이다.

3) 딱지치기

생활주제 : 우리나라

활동목표

1. 우리나라 전통놀이에 관심을 가진다.
2. 딱지치기의 규칙을 알고 지킨다.

교육과정 관련요소

2007 개정 유치원교육과정

☞ 사회생활 : 사회현상에 관심 가지기-우리나라와 우리 전통문화에 관심 가지기

☞ 사회생활 : 이웃과 더불어 생활하기-질서와 규칙지키기

☞ 탐구생활 : 과학적 기초능력 기르기-물체와 물질에 대하여 알아보기

5세 누리교육과정

☞ 사회관계 : 다른 사람과 더불어 생활하기-친구와 사이좋게 지내기

☞ 사회관계 : 사회에 관심 갖기-우리나라에 관심 갖고 이해하기

☞ 사회관계 : 사회에 관심 갖기-사회적 가치를 알고 지키기

☞ 자연탐구 : 과학적 탐구하기-물체와 물질 알아보기

활동자료

우우팩이나 신문지 딱지

활동방법

① 우유팩이나 신문지 딱지를 보면서 이야기 나눈다.

- 이것은 무엇일까?
- 이것은 어떻게 만들 수 있을까?
- 이것으로 어떤 놀이를 할 수 있을까?

② 게임 방법을 알아본다.

- 가위 바위 보를 한다.
- 가위 바위 보에서 진 유아의 딱지를 바닥에 놓는다.
- 이긴 유아가 자신의 딱지를 들고 바닥에 있는 다른 유아의 딱지 위에 힘껏 친다.
- 바닥에 있는 딱지가 딱지를 친 유아는 뒤집어진 딱지를 가져오고, 다른 유아는 다른 딱지를 다시 바닥에 놓는다.
- 딱지가 뒤집어지지 않으면 역할을 바꾸어 딱지치기를 한다.

③ 딱지치기 게임을 한다.

④ 게임을 평가한다.

- 친구의 딱지가 넘어갈 때 기분은 어땠니?
- 내 딱지가 넘어갈 때 기분은 어땠니?
- 어떻게 할 때 딱지가 잘 넘어 갔니?

참 고

딱지치기를 하기 전에 우유팩이나 신문지 등 폐지를 이용하여 딱지 만들기와 꾸미기를 할 수 있다.

4) 그림자를 밟아요

생활주제 : 건강과 안전

활동목표

1. 신체 민첩성 및 조절 능력을 기른다.
2. 물건에는 그림자가 있음을 안다.

교육과정 관련요소

2007 개정 유치원교육과정

☞ 건강생활 : 나의 몸 움직이기-바깥에서 신체 활동하기
☞ 탐구생활 : 탐구하는 태도 기르기-탐구과정 즐기기
☞ 탐구생활 : 과학적 기초능력 기르기-자연현상에 대해 알아보기

5세 누리교육과정

☞ 신체운동 · 건강 : 신체활동에 참여하기-자발적으로 신체활동에 참여하기
☞ 자연탐구 : 탐구하는 태도 기르기-호기심을 유지하고 확장하기
☞ 자연탐구 : 탐구하는 태도 기르기-탐구과정 즐기기
☞ 자연탐구 : 과학적 탐구하기-자연현상 알아보기

활동자료

호루라기 또는 탬버린

활동방법

① 유아들과 함께 그림자를 관찰한다.

- 그림자가 어디에 생겼니?
- 그림자 모양이 어떻니?
- 어떻게 하니까 그림자가 없어졌니?

② 그림자 밟기 게임을 한다.
- 가위 바위 보를 해서 진 사람을 술래로 정한다.
- 이긴 유아들이 도망가고 술래가 쫓아가 친구의 그림자를 밟는다.
- 그림자가 밟힌 유아는 술래가 된다.

③ 게임을 평가한다.
- 그림자를 밟혔을 때 기분은 어땠니?
- 그림자를 밟히지 않기 위해서 어떻게 했니?
- 힘든 점은 무엇이었니?
- 가장 재미있었던 점은 무엇이었니?

참 고

① 교사가 탬버린 또는 호루라기 신호로 게임 시간을 조절하도록 한다.
② 그림자는 맑은 날에 관찰하기가 쉬우므로, 날씨를 고려하여 활동하도록 한다.

5) 짝짓기

생활주제 : 유치원과 친구

활동목표

1. 수에 맞게 짝을 지을 수 있다.
2. 협동심을 기를 수 있다.

교육과정 관련요소

2007 개정 유치원교육과정

☞ 건강생활 : 나의 몸 움직이기-이동하며 움직이기

☞ 사회생활 : 이웃과 더불어 생활하기-질서와 규칙지키기

☞ 탐구생활 : 수학적 기초능력 기르기-수 감각 기르기

5세 누리교육과정

☞ 신체운동·건강 : 신체 활동에 참여하기-자발적으로 신체활동에 참여하기

☞ 사회관계 : 다른 사람과 더불어 생활하기-친구와 사이좋게 지내기

☞ 자연탐구 : 수학석 탐구하기-수와 연산이 기초개념 형성하기

활동자료

노래 CD, CD 플레이어, 호루라기, 숫자판 등

활동방법

① 우리반 친구가 모두 몇 명인지 알아본다.

② 수와 양에 대해 알아본다.

- 숫자 3이 몇 개인지 아니?
- 수에 해당하는 만큼 양으로 표현할 수 있을까?

③ 게임방법에 대해 이야기 나눈다.

- 전체 유아들이 큰 원을 만든다.
- 노래를 부르면서 원 주위를 돈다.
- 교사가 호루라기를 불면서 하나의 숫자를 외친다.
- 교사가 호명한 수에 해당하는 만큼 유아들이 모둠을 만든다.
- 모둠에 들지 못한 유아는 원 안쪽에 들어가서 앉는다.
- 마지막까지 모둠을 만든 유아들이 이긴다.

④ 게임을 평가한다.

- 힘든 점은 무엇이었니?
- 모둠에 들지 못했을 때 기분은 어땠니?

참 고

① 전체 유아의 수와 유아의 흥미 정도를 고려하여 놀이 시간을 조정할 수 있다.

② 모둠에 들지 못한 유아들에게 벌칙을 줄 수도 있다.

6) 여우야 여우야

생활주제 : 우리나라

활동목표

1. 전래동요 가사에 맞춰 게임을 한다.
2. 신체를 움직임으로써 대근육을 발달시킨다.

교육과정 관련요소

2007 개정 유치원교육과정

☞ 건강생활 : 나의 몸 움직이기-바깥에서 신체활동하기

☞ 사회생활 : 사회현상에 관심 가지기-우리나라와 우리 전통문화에 관심 가지기

☞ 사회생활 : 이웃과 더불어 생활하기-질서와 규칙지키기

☞ 언어생활 : 듣기-낱말과 문장 듣고 이해하기

☞ 언어생활 : 말하기-낱말과 문장 듣고 이해하기

5세 누리교육과정

☞ 신체운동 · 건강 : 신체활동에 참여하기-바깥에서 신체활동하기

☞ 의사소통 : 듣기-낱말과 문장 듣고 이해하기

☞ 의사소통 : 말하기- 낱말과 문장으로 말하기

☞ 사회관계 : 다른 사람과 더불어 생활하기-친구와 사이좋게 지내기

☞ 사회관계 : 사회에 관심 갖기-우리나라에 관심 갖고 이해하기

☞ 사회관계 : 사회에 관심 갖기-사회적 가치를 알고 지키기

활동자료

여우야, 여우야 CD와 CD 플레이어

활동방법

① 여우야, 여우야 노래를 불러 본다.
② 술래 여우를 정한다.
③ 여우를 가운데 두고, 나머지 유아들이 큰 원을 만든다.
④ 노래를 주고받으면서 놀이를 한다.
⑤ 노래 마지막에 여우가 "살았다!"라고 외치면, 여우가 아닌 유아들은 도망을 간다.
⑥ 술래 여우가 도망가는 유아 중 한 명을 잡는다.
⑦ 잡힌 유아가 여우가 되고, 게임은 다시 시작된다.

참 고

① 여우야, 여우야 게임은 실외활동에서 적합한 활동이다.
② 유아들이 흥미를 잃었다고 판단되면 게임을 중단하도록 한다.
③ 한 명의 유아가 너무 오랫동안 술래를 하고 있는 등 게임의 원활한 진행과 흥미를 위해 교사는 유아놀이를 주의 깊게 관찰하고, 적절한 개입을 하도록 한다.

제 8 장

산책놀이

1. 산책놀이의 정의 및 교육적 가치
2. 환경구성
3. 계절별 산책활동의 예
4. 놀이지도 시 교사의 역할
5. 활동의 실제

1. 산책놀이의 정의 및 교육적 가치

산책은 ‘나들이’, ‘산보’, ‘마실’ 등 여러 가지로 표현된다. 산책(散策)의 사전적 의미를 찾아보면 “가벼운 기분으로 이리저리 거니는 것”이라고 쓰여 있다. 즉, 산책은 걷는 것이지만 그 속에는 사색, 여유, 자유, 자연스러움, 즐거움, 만남 등의 뜻이 담겨 있다. 또한 거닐다 보면 여러 가지 것들, 즉 사람, 사물, 현상을 만나게 된다. 산책은 유아들이 온갖 자연물을 직접 보고, 만지고, 듣고, 느끼고, 냄새 맡을 수 있는 오감을 통한 체험적 교육활동이다.

산책을 통한 다양한 경험은 유아에게 발달의 모든 측면에서 성장을 도모해 줄 수 있는 교육적 가치를 가지고 있는데 이를 살펴보면 다음과 같다(Wilson, 1995).

첫째, 산책을 통한 체험은 유아의 적응행동을 돕는다.

적응행동이란 유아가 자신이 속한 환경 안에서 독립적으로 적응하고 기능할 수 있는 능력을 말한다. 산책활동 상황에서 길러 줄 수 있는 적응기술들의 예로는 도움 요청하기(예 : 가파른 언덕에 올라가려고 하는데 좀 도와 줄래?), 균형 유지하기(예 : 눈 속을 걷거나 모래 위를 걸을 때, 바닥이 고르지 않은 땅 위를 걸을 때), 가정이나 유치원의 일상적인 환경과 다른 곳에서 독립적으로 식사하기(예 : 견학장소에서 간식이나 식사를 먹게 될 때) 등이 있다.

둘째, 산책활동을 통해 심미감이 발달된다.

심미감은 자연이나 예술 속에 있는 아름다움에 대해 민감해지는 것이다. 아름다움에 대한 민감성은 아름다움에 대해 말로 설명해서 길러지기보다는 다양한 종류의 경험을 통해서 길러진다. 예를 들면, 비온 뒤 땅에서 나는 흙냄새를 맡으면서, 나뭇잎과 풀냄새를 맡으면서, 새소리를 들으면서, 토끼털을 만져 보면서 유아는 자연의 아름다움을 느낀다. 따라서 오감을 통한 산책활동은 어린 유아들에게 심미감을 발달시키기에 풍부하고 훌륭한 자원이 될 수 있다.

셋째, 산책활동은 인지발달을 도울 수 있는 많은 기회를 제공해 준다.

산책을 통해 유아는 자연의 물리적 특성을 배운다. 돌의 단단함, 나무의 든든한 뿌리, 떨어져 있는 낙엽 등을 직접 만져 보고 조작해 보면서 사물들의 물리적 특성을 배운다. 때로는 산책을 할 때 모르는 식물이나 곤충에 대해 유아들이 궁금해 할 때 산책 후 활동시 유아들과 함께 식물도감이나 곤충도감을 직접 찾아보는 활동을 통해 인지발달을 도울 수 있는 기회를 제공해 준다.

넷째, 산책활동을 통해 사회 · 정서 발달을 돕는다.

산책활동을 통하여 자연과 친숙해지고 자연과 함께 하는 소중함을 느끼며 정서적 안정감을 얻게 되며 그 속에서 나 아닌 다른 생명체나 사물을 돌보고자 하는 욕구, 즉 다른 사람의 입장을 존중하여 주는 등의 사회적 기술도 발달하게 된다.

다섯째, 산책활동을 통해 의사소통기술을 발달시켜 준다.

산책을 가는 동안 유아들간에는 서로 활발하게 이야기를 주고받는다. 예를 들어, 길 한쪽에 피어 있는 꽃을 발견하고 "선생님 이 꽃 이름이 뭐예요?" 아니면 "와! 저기 정말 예쁜 꽃이 있네." 다른 유아들과 그 꽃에 관해서 다양하게 상호작용함으로써 의사소통 기술이나 언어적 표현력이 증진된다.

2. 환경구성

산책 시에는 매우 세심한 준비가 필요하다. 우선 유아들의 안전관리가 더욱 강화되어야 하며, 견학에서 많은 경험들을 잘할 수 있도록 사전준비와 철저한 계획을 하도록 한다. 산책 및 견학을 위한 사전준비 및 활동, 본활동, 사후활동 등에 대해서 구체적으로 살펴보면 다음과 같다.

1) 사전준비 및 활동

산책과 견학 시 유아들이 익숙하지 못해 여러 가지 안전사고가 발생할 염려가 있으므로 산책 전에 안전사고에 대한 대비를 해야 한다. 교사가 산책이나 견학 장소를 반드시 사전 답사하여 미리 돌아보고 위험한 장소나 요인이 있는지를 점검한다.

산책과 견학을 가는 동안 차도를 지나가야 한다면 교통안전에 대한 안내와 산책 장소에서 위험한 행동을 하지 않도록 유아들과 충분한 이야기를 나누어 준비를 시키고 교사는 휴지, 작은 수건, 비상약, 물, 컵, 사진기와 확대경, 기타 계절에 따라 잠자리채나 채집통 등을 준비하고 유아들은 작은 스케치북, 필기도구 등을 가지고 가서 산책 장소에서 본 것들을 그림으로 그리거나 나름대로 기록하도록 하는 것도 효과적이다.

2) 본활동

교사는 산책과 견학시 유아의 안전에 신경을 쓰는 것과 더불어 유아와의 적극적인 상호작용을 하는 것이 중요하다. 산책이나 견학을 가는 길에서 접하게 되는 꽃이나 나무, 곤충, 하늘, 여러 가지 풍경들은 흥미로운 관찰 대상이므로 유아들이 그냥 지나치지 않도록 주의를 환기시키고 자연환경을 눈으로만 관찰하기보다는 만지고 듣고 보고 냄새를 맡는 등 오감을 충분히 활용하도록 격려한다. 산책이나 견학 장소에서 발견한 자연물을 가지고 다양한 놀이를 하고 자연물이나 흥미로운 것들을 조금씩 수집해 보고 자연 속에서 느낀 것을 동시나 동화, 노래짓기도 해본다.

3) 사후활동

산책이나 견학을 마치고 돌아와서는 손을 깨끗이 씻고 정리한 뒤에 휴식을 반드

시 취하도록 한다. 충분히 휴식한 후에는 견학하는 동안 유아가 보고 듣고 만져 보고 느낀 것들에 대해 이야기나 그림으로 표현하는 활동을 계획하여 실시할 수 있으며, 산책시 수집한 자연물들이 있으면 과학영역에 전시하여 지속적으로 관찰하고, 활동할 수 있도록 한다.

3. 계절별 산책활동의 예

1) 봄산책

놀이 이름	노는 방법	덧붙여 놀기
새싹찾기	마른 풀이나 짚, 돌멩이들을 맞추면 파릇파릇한 새싹을 찾을 수 있다. 심마니처럼 “심봤다!” 외치면 너무 즐거워한다.	책갈피 만들기
진달래화전	바구니나 비닐을 가지고 가서 진달래꽃을 따온다. 흐르는 물에 살짝 헹궈서 찹쌀전에 부쳐 먹는다.	
홀씨불기	민들레 홀씨를 잡고 “아바이 아바이 대머리 깍읍쇼!” 하면서 손으로 탁 치며 분다.	
씨앗찾기	땅에 떨어져서 새싹이 막 돋아나고 있는 것들을 찾아본다.	페트병에 흙과 함께 담아와서 키워 보자.
나무소리 듣기	나무를 꼭 껴안고 귀를 대면 물오르는 소리가 들린다.	청진기 이용 가능
호드기 불기	버드나무의 물오른 가지를 잘라 손으로 비틀면 나무 속과 껍질이 분리되는데 불면 소리가 난다.	

쑥으로 놀기	· 쑥물들이기–편지지/손수건 만들기 · 쑥 포프리 만들기 · 쑥버무리, 쑥떡 만들어 먹기	
봄나물 캐기	· 달래, 냉이 캐서 된장국 끓여 먹기 · 냉이씨앗대 찰찰이	
풀씨름	질경이 꽃대를 뽑아서 둘이 엇갈려 잡고 당겨 먼저 끊어지면 지는 놀이	
풀피리 불기	잎이 얇은 풀을 뽑아 양손에 단단하게 잡고 옆을 불면 소리가 난다.	
꽃시계 만들기	토끼풀을 이용해서 꽃시계, 화관 등을 만든다.	
풀잎 떼기	아카시아 나뭇잎을 가위 바위 보나 튕기기을 하면서 뗀다.	
곤충 관찰	땅강아지, 개미 등의 곤충과 지렁이, 애벌레 등을 찾을 수 있다.	개미/개미집 만들기, 개미 사육하기
아지랑이 관찰	가만히 땅이 하늘과 닿은 부분을 보면 아지랑이가 올라가는 것을 볼 수 있다.	물감 흘리기, 사인펜 번지기

2) 여름산책

놀이 이름	노는 방법	덧붙여 놀기
물놀이	각종 물놀이기구를 사용해서 놀거나 물을 이용한 실험들을 하면서 논다. · 송사리, 다슬기 잡기 · 개구리 찾기 · 물길 만들기	
모래 놀이	· 성쌓기, 둑쌓기 · 두꺼비 집짓기 · 모래 덜어 내어 깃발 쓰러뜨리기 · 모래로 조각하기 · 함정 만들기	· 색모래 그림 · 진자 그림

돌멩이 놀이	· 돌멩이에 그림그리기 · 물수제비 뜨기 · 돌탑쌓기, 살구놀이	
언덕 구르기	언덕에 비료부대를 깔고 썰매를 타거나 통나무처럼 굴러 내려 온다.	
꽈리 불기	씨를 파내고 손으로 주물러 분다.	
꽃물 들이기	· 백반을 준비해서 봉숭아의 꽃과 잎을 넣어 찧은 다음 손톱에 올려놓고 잎으로 싼다. · 달개비(하늘색), 채송화(진분홍), 글라디올러스(빨강), 치자(노랑), 쑥이나 달리아의 잎(초록)	여러 가지 종이에 물들이기
매미 잡기	· 나뭇가지나 대나무, 꽃포장용 망사 등을 이용해서 매미채를 만들어 쓴다. · 철사를 동그라미를 만들어 대나무 끝에 고정시키고 거미줄을 걷어 끈끈하게 만들어 매미를 잡는다.	
조용한 놀이	· 땀식히기 · 가만히 누워 하늘 쳐다 보기 · 바람 소리/나뭇잎 스치는 소리 · 매미소리/풀벌레 소리 듣기	

3) 가을산책

놀이 이름	노는 방법	덧붙여 놀기
솔방울 놀이	· 솔방울 축구, 야구, 던지기, 차기 · 솔방울 게이트볼 (돌멩이를 두 개 문처럼 세워 놓고 나무 막대로 솔방울을 쳐서 넣는 놀이) · 가장 큰 솔방울 찾기	솔방울리스/인형/종 만들기

낙엽 놀이	· 낙엽미끄럼(낙엽이 많이 쌓인 곳은 미끄럽다, 언덕을 타고 내려 온다.) · 낙엽에서 구르기(로그롤, 낙엽에 눕기) · 나뭇잎 싸움(나뭇잎을 상대에게 던진다.) · 낙엽낚시(나뭇가지로 낙엽을 건져 올리거나, 콕콕 찍어 바비큐막을 만든다.) · 낙엽태우기(나뭇잎마다 조금씩 냄새가 다르다.) · 나뭇잎과 나뭇가지를 이용해서 깃발 만들기(응원하거나 깃발 따먹기도 할 수 있다.)	나뭇잎 왕관/판화/스크래치/크레파스 녹이기/꼴라주/방석/낙엽 양초 만들기 등
볼거리 빙고	산책하면서 볼 수 있는 것들을 종이에 그리거나 써서 들고 다니며 종이에 있는 것을 발견할 때마다 한 개씩 지워서 다 지우면 "빙고"한다.	교실놀이에서도 가능
나무찾기	마음 속으로 나무를 하나 생각하고 그것을 묘사하면 친구가 그 나무를 알아맞히는 놀이(이건 키다리야, 잎은 뾰족하고……)	
바위 오르기	바위를 오르내리거나 뛰어넘는다.	
밧줄타기	새끼줄이나 밧줄을 산책 장소에 숨겨 놓고 그곳에 갈 때마다 찾아서 논다.	
숲 속 음악회	시낭송회, 악기 연주회, 노래 자랑 (교실에서 만든 악기를 가져가기도 하고 미리 준비한 배경음악을 틀어 주기도 한다.)	즉석 녹음한 것을 교실에 두고 듣기도 한다. 마이크, 소품 만들기

4) 겨울산책

놀이 이름	노는 방법	덧붙여 놀기
나무와 친해지기	· 나무껍질 만지기 · 나이테 관찰하기 · 나무밑둥 위에서 노래자랑하기 · 나무에 표정꾸미기	나무껍질로 꾸미기 나무껍질 탁본뜨기 나무 기분 상상해서 그리기

땔감 구해 오기	부러진 나뭇가지들을 모아서 끈으로 칭칭 묶어서 어린이집에 가져온다. 고구마, 밤을 구워 먹는다.	재를 텃밭에 거름으로 낸다.
얼음지치기	썰매를 만들거나 비료포대를 이용해서 논다.	
고드름치기	고드름을 잘라서 엿치기 하듯이 서로 친다.	
보리밟기	보리가 파릇하게 올라오면 얼지 않도록 꼭꼭 밟아 준다.	
애벌레 찾기	나뭇잎이 두껍게 쌓인 곳이나 나무껍질 사이에서 찾을 수 있다.	

* 출처 : 산책프로그램의 운영 실례 및 실습, 진보경.

4. 놀이지도 시 교사의 역할

유아의 전인적 발달을 돕는 즐겁고 유익한 산책이 되기 위한 교사의 역할을 살펴보면 다음과 같다.

(1) 교사 자신이 자연을 좋아하고 산책을 가는 것을 즐거워해야 한다.

유아들이 산책을 즐길 수 있도록 하기 위해 교사 자신이 적극적인 자세가 필요하다.

교사 자신도 산책을 통하여 자연 속에서 동화가 되면서 자연과 같이 호흡하고 유아들과 함께 배우는 마음의 자세가 필요하다.

그러므로 자연 속에서 유아들과 함께 자연을 적극적으로 탐색하고 관찰하면서 느끼는 마음이 있어야 한다. 무엇을 유아들에게 알려주고 가르쳐 주기보다는 자연 속에서 유아가 스스로 느낄 수 있도록 도와주는 마음의 여유가 필요하다.

(2) 산책의 의미가 일상적 생활 속에서의 활동이라는 것을 체험할 수 있도록 해 주어야 한다. 산책을 위한 마음의 준비자세가 실질적으로 생활 속의 계획으로 짜여 질 수 있도록 도와 준다.

(3) 교사 자신이 산책에 대한 자신감이 있어야 한다. 근면함과 성실감이 바탕이 되어서 교사 자신이 걷기를 생활화해야 하고 유아들과 함께 산책활동을 하고 유아 안전에도 유의해야 한다.

(4) 되도록이면 유아교육기관 내이거나 가까운 곳에서 산책활동을 하는게 효과적이다.

(5) 유아들에게 오감각을 통한 감각활동이 이루어지도록 자연물을 직접 보고 만지고 듣고 느끼고 냄새 맡고 먹을 수 있는 것은 맛을 볼 수 있도록 체험적 교육활동으로 준비한다.

(6) 연간, 월간, 주간, 일간 산책계획안을 유아들이 구성하여 계절 외 특색과 그 달의 산책계획과 유아들이 흥미를 보이고 교육과정의 생활주제에 따른 산책계획을 작성해서 학부모에게도 가정통신문을 보내 드려서 연계성 있는 산책활동이 되도록 한다.

(7) 계획안을 작성할 때에는 그 달의 생활주제와 유아의 흥미, 요구, 반응에 따라서 융통성과 창의성을 갖도록 산책장소를 정한다.

(8) 어린 유아들은 걷기에 익숙할 수 있도록 손잡고 가기를 하고 자연과 친숙해질 수 있도록 도와주며 유아들은 자연을 보다 적극적으로 탐색하고 오감각을 통하여 체험하면서 자연의 소중함을 깨닫는 마음과 태도를 길러 주고 산책 속에서 자연물을 가지고 놀 수 있도록 한다. 산책하면서 오감을 자극시키려면 한 번에 한 가지의 감각만을 사용하게 하는 것도 좋다(Humphryes, 2000).

① 시각자극의 예 : 자연물이나 모든 사물의 색깔, 모양, 크기, 형태 등을 주의해서 보게 한다. 새가 날아가는 모습, 개미가 떼를 지어 이동하는 모습, 바람 속에 나뭇잎이 흔들리는 모습 등을 쳐다보게 한다. 자연에 있는 색깔과 색깔띠(색환)에 있는 색을 비교해 보게 한다. 돋보기를 가지고 주의를 집중시켜 보면서 질문을 해 보자. "뭐가 보이니? 설명해 줄래?"

② 청각자극의 예 : 시끄러운 소리와 부드러운 소리, 동물이 내는 소음, 기계가 내는 소음 등 다양한 소리를 듣게 한다. 소리를 들을 때는 눈을 감게 하거나 가리개를 쓰게 해서 소리에만 집중하게 하는 것도 좋다. 그리고 나서 질문을 해 보자. "무슨 소리가 들리니? 무슨 소리 같아? 누가 내는 소리니? 누구에

게 무엇이라고 하는 소리 같으니?

③ 후각자극의 예 : 잔디 깎는 냄새, 꽃향기, 썩은 잎냄새, 요리할 때 나는 냄새, 동물냄새 등 여러 가지 냄새들을 맡게 한다. 그리고 질문해 보자. "식물에서 나는 냄새는 어떠니? 동물 냄새는?"

④ 촉감자극의 예 : 부드러운 것, 딱딱한 것, 매끌매끌한 것, 거친 것, 찬 것, 뜨거운 것들을 만져 보게 한다. 촉감이 재미있는 사물들을 수집해서 자루에 넣고 만지기만 하고 알아맞히기 놀이를 한다. "느낌이 다르니? 어떤 느낌이 나니? 느낌이 좋으니? 기분이 어때?"

⑤ 미각자극의 예 : 부엌에서 미각을 발달시킬 만한 자료들을 수집해 본다. 단맛 – 꿀, 짠맛 – 소금, 쓴맛 – 커피, 신맛 – 레몬 "맛이 어떠니? 어떤 맛과 비슷하니?와 같은 질문을 하면서, 자연에서는 아무 것이나 맛을 볼 때 위험할 수 있음을 이야기한다.

(9) 산책 후 느낀 경험을 평가하는 시간을 갖는다. 산책하면서 관찰하고 발견한 것들을 유아 스스로 자세히 조사하고 기록해 보면서 많은 지식을 얻게 된다. 즉, 연령이 높은 유아는 관찰목록을 만들어 볼 수도 있고, 연령이 낮은 유아는 교사에게 이야기해 주고 교사가 대신 관찰 목록들을 받아 적어 줄 수도 있다. 이러한 방법을 통해 유아는 대화나 토론, 질문하면서 어휘력이 증진된다.

5. 활동의 실제

1) 유치원 주위환경 산책하기

생활주제 : 봄

활동목표

1. 유치원 주위환경에 대해 관심을 가지며 아름다운 환경의 소중함을 안다.
2. 우리에게 좋은 환경과 좋지 않은 환경을 구별할 수 있다.

교육과정 관련요소

2007 개정 유치원교육과정

☞ 건강생활 : 나의 몸 움직이기-바깥에서 신체 활동하기

☞ 사회생활 : 사회현상에 관심 가지기-주변 지역에 관심 가지기

☞ 탐구생활 : 과학적 기초능력 기르기-생명체와 자연환경 소중하게 여기기

5세 누리교육과정

☞ 신체운동 · 건강 : 신체활동에 참여하기-바깥에서 신체활동하기

☞ 사회관계 : 사회에 관심 갖기-지역사회에 관심 갖고 이해하기

☞ 자연탐구 : 과학적 탐구하기-생명체와 자연환경 알아보기

활동자료

유아의 이름과 전화번호를 적은 이름표, 물과 비상약, 필기도구, 약간의 간식,

쓰레기를 담을 수 있는 비닐가방, 휴지나 물휴지 등

활동방법

① 유치원 주위환경 산책을 나서기 전에 주의해야 할 사항이나 산책에 필요한 것을 생각한 후 이야기 나눈다.
- 유치원 가는 길에 무엇을 볼 수 있을까?
- 유치원 근처에 어떤 가게들이 있을까?

② 소그룹으로 나누어 산책하면서 유치원 근처에 어떤 것들이 있는지 살펴본다.
- 종이와 필기도구를 이용하여 적는다.

③ 산책을 한 후 유아들끼리 적은 것을 이용하여 유치원 주위에 있어서 좋은 것들과 그렇지 못한 것들로 나누어 보고 그 이유를 생각해 본다.
- 어떤 시설들이 더 많았으면 좋은가? 왜 그렇게 생각하니?
- 없다면 좋은 것이 무엇일까? 왜 그렇게 생각하니?

참 고

① 소그룹으로 나누어 산책하는 과정에서 유아들이 오고 간 길을 잘 기억하여 산책지도를 그릴 수 있다.

② 가정에서는 엄마, 아빠와 함께 동네 산책을 해 본 후 함께 동네지도를 그려 볼 수도 있다.

2) 빗속 산책

생활주제 : 여름

활동목표

비로 인해 달라지는 자연의 모습에 대해 안다.

교육과정 관련요소

2007 개정 유치원교육과정

- ☞ 건강생활 : 나의 몸 움직이기-바깥에서 신체활동하기
- ☞ 사회생활 : 사회현상에 관심 가지기-주변 지역에 관심 가지기
- ☞ 표현생활 : 자연과 생활에서 아름다움 찾아보기-소리 · 움직임 · 조형물에 관심 가지기
- ☞ 탐구생활 : 과학적 기초능력 기르기-자연현상에 대해 알아보기

5세 누리교육과정

- ☞ 신체운동 · 건강 : 신체활동에 참여하기-바깥에서 신체활동하기
- ☞ 사회관계 : 사회에 관심 갖기-지역사회에 관심 갖고 이해하기
- ☞ 예술경험 : 아름다움 찾아보기-음악적 요소 탐색하기
- ☞ 자연탐구 : 과학적 탐구하기-자연현상 알아보기

활동자료

우산이나 비옷, 장화, 카세트 등

활동방법

① 비오는 날 유아들은 유리창을 통해 바깥을 내다 보며 비에 관심을 보이는 경우가 있다. 이 때 교사는 유아가 비를 좀더 잘 느껴 볼 수 있도록 자극해 준다.

- 비가 내리는 것을 보니 어떤 느낌이 드니?
- 비오는 바깥에서 우산을 쓰고 다니면 기분이 어떨까?

② 유아는 교사와 함께 우산을 쓰거나 비옷을 입고 걸어 다니며 산책한다.

- 비오는 소리를 들으려면 어떻게 해야 할까?
- 조용히 귀를 기울이니 어떤 소리가 들리니?

③ 우산 밖으로 손을 내밀어 내리는 비를 만져 본다.

- 비를 만져 보니 어떤 느낌이 드니?

④ 고개를 들어 비오는 하늘을 쳐다본 후 이야기 나눈다.

- 하늘이 어떻게 보이니?
- 비에도 냄새가 있을까?

⑤ 비에 젖은 땅바닥과 여러 사물을 손으로 만져 본 후 이야기 나눈다.

- 땅바닥이나 돌멩이는 비에 젖어서 어떻게 되었니?
- 우리가 타고 놀던 미끄럼틀이나 그네는 어떻게 되었니?

참 고

① 비를 충분히 감상한 후, 비를 연상할 수 있는 음악을 배경으로 빗방울이

되어 보는 신체표현 활동을 해 본다.

(예 : 빗방울이 땅으로 떨어지는 모습, 나뭇잎이나 꽃잎에서 굴러가는 모습, 우산을 따라 또르르 굴러가는 모습 등)

② 빗물 관찰로 인해 빗물의 오염에 대해 알아볼 수도 있다.

3) 낙엽을 모아 미끄럼타기

생활주제 : 가을

활동목표

자연 현상의 변화를 관찰하고 느끼는 경험을 가진다.

교육과정 관련요소

2007 개정 유치원교육과정

☞ 건강생활 : 나의 몸 움직이기-바깥에서 신체활동하기

☞ 사회생활 : 사회현상에 관심 가지기-주변 지역에 관심 가지기

☞ 탐구생활 : 과학적 기초능력 기르기-생명체와 자연환경 소중하게 여기기

☞ 탐구생활 : 과학적 기초능력 기르기-자연현상에 대해 알아보기

5세 누리교육과정

☞ 신체운동·건강 : 신체활동에 참여하기-바깥에서 신체활동하기

☞ 사회관계 : 사회에 관심 갖기-지역사회에 관심 갖고 이해하기

☞ 자연탐구 : 과학적 탐구하기-생명체와 자연환경 알아보기

☞ 자연탐구 : 과학적 탐구하기-자연현상 알아보기

활동자료

낙엽

활동방법

① 실외로 유아들과 함께 산책하면서 계절의 변화를 느껴 본다.

- 날씨가 더웠던 여름이랑 지금 어떻게 다르니?
- 자! 하늘을 볼까? 하늘이 참 푸르구나.
- 구름들이 어떤 모양을 하고 있니?

② 산책하면서 나뭇잎의 변화도 살펴보면서 이야기 나눈다.

- 저 나무의 나뭇잎 색깔이 어떠니?
  (빨간색도 있구요. 노란색도 있어요.)
- 나뭇잎들이 바닥에 많이 떨어져 있구나.

③ 쌓여 있는 낙엽 위를 걸어 보면서 이야기 나눈다.

- 낙엽 위를 걸어 보자. 느낌이 어떠니?
- 우리가 땅을 걸을 때와 낙엽 위를 걸을 때와 어떻게 다르니?
- 낙엽 위를 조심조심 걸으면 어떤 소리가 날까?

④ 낙엽을 모아 던져도 보고 낙엽이 쌓인 언덕을 미끄럼을 타며 내려와 본다.

- 낙엽을 모아 던져 보니 어떤 느낌이드니?
  (낙엽비를 맞는 것 같아요.)
- 낙엽 언덕을 미끄럼 탄 느낌과 우리가 놀이터에서 미끄럼 탄 느낌이 어떻게 다르니?

4) 눈 위의 발자국

생활주제 : 겨울

활동목표

1. 눈 위를 걸어 본다.
2. 눈 위에 찍힌 발자국을 관찰한다.
3. 눈 위를 걸을 때의 소리를 감상한다.

교육과정 관련요소

2007 개정 유치원교육과정

☞ 건강생활 : 나의 몸 움직이기-바깥에서 신체활동하기
☞ 사회생활 : 사회현상에 관심 가지기-주변 지역에 관심 가지기
☞ 표현생활 : 자연과 생활에서 아름다움 찾아보기-소리 · 움직임 · 조형물에 관심 가지기
☞ 탐구생활 : 과학적 기초능력 기르기-자연현상에 대해 알아보기

5세 누리교육과정

☞ 신체운동 · 건강 : 신체활동에 참여하기-바깥에서 신체활동하기
☞ 사회관계 : 사회에 관심 갖기-지역사회에 관심 갖고 이해하기
☞ 예술경험 : 아름다움 찾아보기-음악적 요소 탐색하기
☞ 예술경험 : 아름다움 찾아보기-미술적 요소 탐색하기
☞ 자연탐구 : 과학적 탐구하기-자연현상 알아보기

활동자료

빈 세제통(빈 샴푸통이나 퐁퐁통), 후춧가루통, 분무기, 물감, 붓

활동방법

① 하얀 눈으로 덮인 유치원 마당을 산책하기 전 햇빛을 받아 표면이 반짝이는 눈을 살펴본다.
- 눈이 쌓인 곳을 자세히 보자.
- 왜 반짝일까?
- 다른 곳도 보자. 저 그늘의 눈은 어떻니?

② 쌓인 눈을 천천히 걸으며 눈 밟는 소리를 들어 본다.
- 어떤 소리가 들리니?
  ('뽀드득' '뽀드득'하는 소리가 나요.)
- 어떻게 밟아야 소리가 잘 날까?

③ 눈 위를 걸어 다니며 여러 가지 자국을 만들어 본다.
- 한 줄로 친구의 발자국 따라 걸어 보기
- 발자국으로 동그란 눈사람 만들어 보기

④ 여러 가지 도구를 이용해 친구들과 의논한 후 그림을 그려 본다.
- 어떤 모양의 그림을 그려 볼까?

참 고

① 색물로 눈 위에 그림을 그릴 때는 공간을 제한하고 유아들의 옷이나 몸에 묻지 않도록 주의한다.

② 눈을 가지고 놀면서 눈에 관한 노래를 불러 본다.
("꼬마 눈사람", "눈", "창 밖을 보라")

부 록

1. 2007 개정 유치원교육과정의 영역과 내용
2. 5세 누리교육과정의 영역과 내용
3. 표준보육과정의 영역과 내용

1. 2007년 개정 유치원교육과정의 영역과 내용

1) 2007 개정 유치원 교육과정의 영역

(1) 건강 생활

- 성격 : 건강 생활은 긍정적 자아 개념과 일상생활에 필요한 기초 체력을 기르며, 유아의 심신을 조화롭게 발달시키기 위한 영역이다.

- 목표 : 자신의 신체를 긍정적으로 인식하고 생활에 필요한 기초 체력을 기르며, 건강하고 안전한 생활 습관을 가진다.
  가. 자신의 몸과 주변 세계를 긍정적으로 인식한다.
  나. 기본 운동 능력과 기초 체력을 기른다.
  다. 건강한 몸과 마음을 기른다.
  라. 안전한 생활 습관을 가진다.

(2) 사회 생활

- 성격 : 사회 생활은 유아가 자신을 알고 소중하게 여기며, 다른 사람과 함께 살아가는 방법을 익히고, 주변 세계에 관심을 갖고 적응해 나갈 수 있는 기초 능력을 기르기 위한 영역이다.

- 목표 : 자신과 다른 사람을 존중하고, 더불어 살아가는 능력을 기른다.
  가. 자신을 소중하게 여기고 스스로 생각하여 행동하며 감정을 조절한다.
  나. 가족과 화목하게 지내며 서로 협력한다.

다. 예절 바르게 행동하고 질서를 지키며 이웃과 더불어 생활한다.

라. 우리가 살고 있는 사회 현상에 대하여 관심을 가진다.

(3) 표현 생활

- 성격 : 표현 생활은 풍부한 감성과 심미적 태도 및 창의적 표현력을 기르며, 다양한 예술 표현 방식을 존중하고 즐기는 태도를 기르기 위한 영역이다.

- 목표 : 생각하고 느낀 것을 예술적으로 표현하고 감상함으로써 심미적 태도와 창의적 표현력을 기른다.

  가. 자연과 생활 속에서 예술적 요소를 찾아본다.

  나. 생각과 느낌을 음악, 움직임과 춤, 조형, 극놀이 및 통합적 활동으로 표현하는 과정을 즐긴다.

  다. 자연과 사물, 다양한 예술 작품과 우리 전통예술 등을 감상함으로써 풍부한 감성과 심미적 태도를 기른다.

(4) 언어 생활

- 성격 : 언어 생활은 유아가 일상생활에서 언어 사용을 즐기며, 의사소통 능력을 기르고, 바른 언어 사용 능력과 태도를 기르기 위한 영역이다.

- 목표 : 말과 글을 즐겁고 바르게 사용하기 위한 기초 능력과 태도를 기른다.

  가. 말하는 사람의 의도를 고려하여 주의 깊게 듣고 이해한다.

  나. 자신의 생각과 느낌을 적절하게 말한다.

  다. 주변의 글자와 책에 친숙해지는 경험을 통하여 읽기에 관심을 가진다.

  라. 글자의 기능을 인식하고 자신의 생각과 느낌을 그림이나 글로 나타내는 데 관심을 가진다.

(5) 탐구 생활

- 성격 : 탐구 생활은 자연을 존중하는 마음을 바탕으로 창의적으로 사고하고 탐구하며, 논리적이고 합리적으로 문제를 해결하는 능력과 태도를 기르기 위한 영역이다.

- 목표 : 자연을 존중하고, 창의적으로 탐구하며, 논리적으로 문제를 해결하기 위한 기초 소양을 기른다.
  가. 사물과 자연현상에 대해 호기심을 가지고 지속적으로 탐구하는 태도를 기른다.
  나. 사물과 자연현상에 대한 기초 지식을 이해하고 탐구하는 능력을 기른다.
  다. 생활 주변의 문제를 논리, 수학적으로 해결하기 위한 기초 능력을 기른다.

2) 2007 개정 유치원교육과정의 교육내용

영역	내용범주	내용
건강생활	나의 몸 인식하기	· 감각기관을 활용하기 · 나의 몸을 인식하고 움직이기
	나의 몸 움직이기	· 이동하며 움직이기 · 제자리에서 움직이기 · 도구 및 놀이시설을 활용하기 · 바깥에서 신체활동하기
	건강하게 생활하기	· 몸과 주변을 깨끗이 하기 · 바른 식생활하기 · 질병 예방하기 · 즐겁게 생활하기
	안전하게 생활하기	· 나와 다른 사람의 몸을 소중히 하기 · 안전하게 놀이하기 · 교통안전 규칙지키기 · 위험한 상황을 알고 대처하기

사회생활	나를 알고 사랑하기	· 나를 소중하게 여기기 · 나의 일 스스로 하기 · 나의 감정 알고 조절하기
	가족과 함께 생활하기	· 가족과 화목하게 지내기 · 가족과 협력하기
	이웃과 더불어 생활하기	· 예절 바르게 생활하기 · 다른 사람을 이해하고 존중하기 · 질서와 규칙지키기 · 두레의 소중함을 알고 협력하기
	사회현상에 관심 가지기	· 주변 지역에 관심 가지기 · 경제생활에 관심 가지기 · 우리나라와 우리 전통문화에 관심 가지기 · 다양한 문화에 관심 가지기
표현생활	자연과 생활에서 아름다움 찾아보기	· 소리 · 움직임 · 조형물에 관심 가지기 · 예술적 요소 찾아보기
	예술적 표현 즐기기	· 음악으로 표현하기 · 움직임과 춤으로 표현하기 · 조형활동으로 표현하기 · 극놀이로 표현하기 · 통합적으로 표현하기 · 창의적인 표현 과정 즐기기
	감상하기	· 아름다움 느끼기 · 예술적 표현 존중하기 · 우리 전통예술 감상하기
언어생활	듣기	· 낱말과 문장 듣고 이해하기 · 이야기 듣고 이해하기 · 문학 작품 즐겨 듣기 · 바른 태도로 듣기
	말하기	· 낱말과 문장으로 말하기 · 생각과 느낌 말하기 · 이야기지어 말하기 · 바른 태도로 말하기

	읽기	· 읽기에 관심 가지기 · 책에 관심 가지기
	쓰기	· 쓰기에 관심 가지기 · 쓰기 도구 사용하기
탐구생활	탐구하는 태도 기르기	· 사물과 현상에 지속적인 관심 가지기 · 탐구과정 즐기기
	과학적 기초능력 기르기	· 물체와 물질에 대해 알아보기 · 생명체와 자연환경 소중하게 여기기 · 자연현상에 대해 알아보기 · 간단한 도구와 기계 활용하기
	수학적 기초능력 기르기	· 수 감각 기르기 · 공간 및 도형에 대해 알아보기 · 기초적인 측정해 보기 · 규칙성 이해하기 · 자료 정리 및 결과 나타내기

2. 5세 누리교육과정의 영역과 내용

1) 5세 누리교육과정의 영역

(1) 신체운동 · 건강

- 성격 : '신체운동 · 건강 영역'은 자신의 신체를 긍정적으로 인식하고 즐겁게 신체활동에 참여함으로써 유아기에 필요한 기본운동 능력을 기르고, 건강하고 안전한 생활을 실천하는 바른 태도를 기르기 위한 영역이다.

- 목표 : 기본 운동능력과 건강하고 안전한 생활습관을 기른다.
  가. 기본적 감각능력을 기르고, 자신의 신체를 긍정적으로 인식한다.
  나. 신체를 조절하고 기본운동 능력을 기른다.
  다. 신체활동에 즐겁게 참여한다.
  라. 몸과 마음을 건강하게 하는 생활태도를 갖는다.
  마. 자신과 타인을 보호하고 안전한 생활습관을 기른다.

(2) 의사소통

- 성격 : 의사소통 영역은 유아가 일상생활에서 언어 사용을 즐기며, 의사소통 능력을 기르고, 바른 언어 사용 능력과 태도를 기르기 위한 영역이다.

- 목표 : 일상생활에 필요한 의사소통 능력과 바른 언어 사용 습관을 기른다.
  가. 다른 사람의 말을 주의 깊게 듣는 태도와 이해하는 능력을 기른다.
  나. 자신의 생각과 느낌을 바르게 말하는 태도와 능력을 기른다.

다. 글과 글자에 친숙해지는 경험을 통하여 글자 모양을 인식하고 읽기에 흥미를 가진다.

라. 말과 글의 관계를 알고 자신의 생각, 느낌, 경험을 단어와 문장 쓰기로 표현하는데 관심을 가진다.

(3) 사회관계

- 성격 : 사회관계 영역은 유아가 자신을 알고 소중하게 생각하며 가족, 또래와 함께 지내는 방법뿐 아니라 공동체에서 함께 살아가는 방법을 익히고 주변 세계에 관심을 가지고 적응해 나갈 수 있는 기초 능력과 인성을 기르기 위한 영역이다.

- 목표 : 자신을 존중하고 다른 사람과 더불어 생활하는 태도를 기른다.

가. 자신을 소중히 여기며, 스스로 행동한다.

나. 자신의 감정을 알고 조절하며 바르게 표현하고, 다른 사람을 이해한다.

다. 가족과 화목하게 지내며 서로 협력한다.

라. 친구, 교사, 이웃 등 다른 사람들과 서로 도우며 함께 살아간다.

마. 우리가 살고 있는 사회에 대하여 관심을 갖고 필요한 사회적 지식을 습득하며, 예절 바르게 행동하고 질서를 지키며 다른 사람을 배려하는 태도를 기른다.

(4) 예술경험

- 성격 : 인간은 아름다운 것을 보고 듣고 느끼는 경험을 통해 기쁨을 느끼며, 이를 추구하려는 기본적 욕구를 지니고 있다. 또한 자신의 내면세계를 표현하고자 하는 소통의 요구 역시 가지고 있다. 예술은 이 두 가지 차원의 욕구에서 비롯되며, 지극히 개인적이면서도 사회적인 활동이라 할 수 있다. 따라서 예술경험에서는 만 5세 유아가 자신의 친근한 주변 환경에서 발생하는 소리, 음악,

움직임과 춤, 형태와 색 등에서 아름다움을 느끼고 또래나 교사, 부모, 지역사회 사람이나 작가들이 표현한 다양한 예술작품을 가까이 접하면서 탐색하고 창의적인 표현을 즐기며 감상하는 경험을 중요시한다. 더불어 자신뿐 아니라 다른 사람의 표현방식을 존중하고 우리 문화와 다른 문화에 내재된 아름다움을 찾아보며 느낌을 서로 나누는 경험을 강조한다.

- 목표 : 아름다움에 관심을 가지고 예술 경험을 즐기며, 창의적으로 표현하는 능력을 기른다.
  - 가. 자연과 주변 환경에서 발견한 아름다움과 예술적 요소에 관심을 갖고 탐색한다.
  - 나. 자신의 생각과 느낌을 예술적 요소에 기초하여 다양한 방법을 통해 창의적으로 표현하는 것을 즐긴다.
  - 다. 자연과 사물, 다양한 예술작품과 전통 예술 등을 감상함으로써 풍부한 감성과 심미적 태도를 기른다.

(5) 자연탐구

- 성격 : 자연탐구 영역은 인간이 자연과 더불어 조화로운 삶을 살아갈 수 있도록 유아기부터 자연을 존중하는 마음을 바탕으로 창의적으로 사고하고 탐구하며, 일상의 여러 문제를 논리적으로 해결할 수 있는 수학적 · 과학적 기초 소양을 기르기 위한 영역이다.

- 목표 : 호기심을 가지고 주변세계를 탐구하며, 일상생활에서 수학적 · 과학적 문제해결 능력을 기른다.
  - 가. 주변의 사물과 자연 세계에 대해 알고자 하는 호기심을 가지고 탐구하는 태도를 기른다.
  - 나. 생활 속의 여러 상황과 문제를 논리 · 수학적으로 이해하고 해결하기 위한 기초 능력을 기른다.
  - 다. 주변의 관심 있는 사물과 생명체 및 자연현상을 탐구하고 기초 지식을 알아간다.

2) 5세 누리교육과정의 내용

영역	내용범주	내용
신체운동 · 건강	신체 인식하기	· 감각 능력 기르기 · 감각기관 활용하기 · 신체를 인식하고 움직이기
	신체 조절과 기본 운동하기	· 신체 조절하기 · 이동하며 운동하기 · 제자리에서 운동하기
	신체활동에 참여하기	· 자발적으로 신체활동에 참여하기 · 바깥에서 신체활동하기 · 기구를 이용하여 신체활동하기
	건강하게 생활하기	· 몸과 주변을 깨끗이 하기 · 바른 식생활하기 · 건강한 일상생활하기 · 질병 예방하기
	안전하게 생활하기	· 안전하게 놀이하기 · 교통안전 규칙지키기 · 비상시 적절히 대처하기
의사소통	듣기	· 낱말과 문장 듣고 이해하기 · 이야기 듣고 이해하기 · 동요, 동시, 동화 듣고 이해하기 · 바른 태도로 듣기
	말하기	· 낱말과 문장으로 말하기 · 느낌, 생각, 경험 말하기 · 상황에 맞게 바른 태도로 말하기
	읽기	· 읽기에 흥미 가지기 · 책 읽기에 관심 가지기
	쓰기	· 쓰기에 관심 가지기 · 쓰기 도구 사용하기

사회관계	나를 알고 존중하기	· 나를 알기 · 나를 소중히 여기기 · 나의 일 스스로 하기
	나와 다른 사람의 감정 알고 조절하기	· 나와 다른 사람의 감정 알고 표현하기 · 나의 감정 조절하기
	가족을 소중히 여기기	· 가족과 화목하게 지내기 · 가족과 협력하기
	다른 사람과 더불어 생활하기	· 친구와 사이좋게 지내기 · 공동체에서 화목하게 지내기
	사회에 관심 가지기	· 지역사회에 관심 갖고 이해하기 · 우리나라에 관심 갖고 이해하기 · 세계와 여러 문화에 관심 가지기 · 사회적 가치를 알고 지키기
예술경험	아름다움 찾아보기	· 음악적 요소 탐색하기 · 움직임과 춤 탐색하기 · 미술적 요소 탐색하기
	예술적 표현하기	· 음악으로 표현하기 · 움직임과 춤으로 표현하기 · 미술활동으로 표현하기 · 극놀이로 표현하기 · 통합적으로 표현하기
	예술 감상하기	· 다양한 예술 감상하기 · 전통예술 감상하기
자연탐구	탐구하는 태도 기르기	· 호기심을 유지하고 확장하기 · 탐구 과정 즐기기 · 탐구 기술 활용하기
	수학적 탐구하기	· 수와 연산의 기초 개념 형성하기 · 공간과 도형의 기초 개념 형성하기 · 기초적인 측정하기

		· 규칙성 이해하기 · 기초적인 자료 수집과 결과 나타내기
	과학적 탐구하기	· 물체와 물질 알아보기 · 생명체와 자연환경 알아보기 · 자연현상 알아보기 · 간단한 도구와 기계 활용하기

3. 표준보육과정의 영역과 내용

1) 표준보육과정의 영역

(1) 기본생활

• 성격 : 기본생활 영역은 '건강한 생활', '안전한 생활', '바른 생활'의 세 가지 내용범주로 구성된다. '건강한 생활'에서는 건강 · 영양 · 위생적인 생활을 강조하며, 영유아가 신체의 청결과 위생, 수면과 휴식, 바른 식생활 등 의식주에 대한 올바른 습관을 기르도록 하여 발달을 촉진하고 심신을 건강하게 한다. '안전한 생활'에서는 안전사고 예방 · 대처 능력의 향상을 강조하며, 영유아가 안전하게 놀이하는 방법과 위험한 상황을 알고, 위험한 상황에 처하게 되었을 때 침착하고 적절하게 대처하며, 자신의 안전뿐만 아니라 타인의 안전을 배려하며 안전생활을 습관화하도록 한다. '바른 생활'에서는 예절 · 질서 · 절약을 강조하며, 영유아가 공동생활과 인간관계의 기본이 되는 예절과 질서를 알고 지키며 습관화하고, 일상생활 속에서 절약을 실천하여 즐겁고 원만한 사회생활을 영위할 수 있도록 한다.

• 목표 : 건강, 안전, 바른 생활에 관한 지식 · 기술 · 태도를 배우고 익히며 올바른 습관을 길러, 자신의 건강과 안전을 자기 스스로 보호 하고 타인을 존중하며 즐겁게 생활한다.

가. 청결과 위생, 수면과 휴식, 바른 식생활, 의생활 및 심신의 건강을 바탕으로 발달을 촉진한다.

나. 위험 요인과 상황에 대해 알고 안전하게 대처하는 능력을 길러서 자신과

타인을 보호한다.

다. 일상 속에서 예의 바르고 질서를 잘 지키며 절약하는 행동을 습관화하여 즐겁게 생활한다.

(2) 신체운동

- 성격 : 신체운동 영역은 '감각과 신체 인식', '신체조절과 기본 운동', '신체활동 참여'의 세 가지 내용범주로 구성된다. '감각과 신체 인식'에서는 영유아가 감각능력을 기르고 감각기관을 활용하며 자신의 신체를 긍정적으로 인식하도록 한다. '신체조절과 기본 운동'에서는 영유아가 협응력과 신체조절 능력을 기르고 신체균형감을 익히며 이동, 비이동, 조작 운동 등의 기본 운동능력을 습득하여, 자신의 신체를 유연하고 활발하게 움직이는 의지와 능력을 키우도록 한다. '신체활동 참여'에서는 영유아가 신체활동을 할 때 적극적으로 참여하고, 다양한 기구를 활용하여 안전하고 즐겁게 신체활동을 하는 경험을 통해서 기초 체력을 형성하고 생활하면서 규칙적으로 운동할 수 있도록 한다.

- 목표 : 자신의 신체를 긍정적으로 인식하고 즐겁게 신체활동에 참여함으로써 영유아기에 필요한 기본 운동능력을 기른다.

  가. 기본적 감각능력을 키우고, 자신의 신체를 긍정적으로 인식한다.
  나. 신체를 조절하고 기본운동 능력을 기른다.
  다. 신체활동에 즐겁게 참여한다.

(3) 사회관계

- 성격 : 사회관계 영역은 '자기존중', '정서인식과 조절', '사회적 관계', '사회적 지식'의 네 가지 내용범주로 구성된다. '자기존중'에서는 영유아가 자신의 독특한 자아에 대해 인식하고, 자신감과 독립심을 기르도록 한다. '정서인식과 조절'에서는 영유아가 자신과 다른 사람의 다양한 정서를 인식하고, 자신의

정서를 조절하고 표현할 수 있도록 한다. '사회적 관계'에서는 영유아가 가족, 또래와 지역사회의 구성원으로서 관련된 다른 사람들과의 관계를 이해하고, 그들과 더불어 조화롭게 기능하며 살아가는 능력을 기르도록 한다. '사회적 지식'에서는 영유아가 지역사회, 우리나라, 세계의 구성원으로서 필요한 자질을 갖추고 능력을 함양하며, 자신과 관계된 여러 사회현상에 관심을 가지고 이해하도록 한다.

- 목표 : 자신에 대해 존중감을 키우고, 자신과 다른 사람의 정서를 인식하고, 이를 사회적 관계에서 적절히 조절하여 활용할 수 있도록 하며, 가족, 또래, 지역사회와 긍정적인 관계를 형성하고, 유능한 사회 구성원으로 기능하게 하기 위하여 필요한 사회적 지식을 획득하도록 한다.
  가. 자신의 독특한 자아에 대해 인식하고 자신감과 독립심을 기른다.
  나. 자신과 다른 사람의 정서를 이해하고 표현하며, 자신의 정서를 조절하고 활용한다.
  다. 다른 사람과의 관계를 이해하고 더불어 살아가는 능력을 기른다.
  라. 자신을 둘러싼 사회현상에 관심을 가지고 이해한다.

(4) 의사소통

- 성격 : 의사소통 영역은 '듣기', '말하기', '읽기', '쓰기'의 네 가지 내용범주로 구성된다. '듣기'에서는 영유아가 주변의 소리에 관심을 가지고 구분하여 들을 수 있는 기회와 환경을 제공하고, 일상 대화나 동요 · 동시 · 동화 등을 잘 듣고 이해할 수 있도록 한다. '말하기'에서는 영유아가 언어적 · 비언어적 의사소통을 할 수 있는 기회와 환경을 제공하고, 바른 태도와 정확한 발음으로 자신의 생각이나 경험을 대상과 상황에 맞게 표현할 수 있도록 한다. '읽기'에서는 영유아가 주변의 글자나 그림책에 흥미를 가지고 이해하는 능력을 길러 읽기에 흥미를 느낄 수 있도록 한다. '쓰기'에서는 영유아가 소근육을 사용하여 긁적거리기를 해 보며 글자의 느낌을 경험하고, 쓰기 도구와 매체를 사용하

여 자신의 느낌, 생각, 경험을 쓰기로 표현하기에 흥미를 갖고 참여할 수 있도록 한다.

- 목표 : 듣고 말하는 것을 즐기며 상황에 맞는 언어를 익혀 바른 언어생활을 하도록 하고 일상생활에 필요한 의사소통 능력과 기초적인 문해능력을 기른다.
  가. 다른 사람의 이야기를 주의 깊게 듣는 태도와 이해력을 기른다.
  나. 바르게 말하는 태도와 정확한 발음으로 자신의 느낌, 생각, 경험을 말로 표현하는 능력을 기른다.
  다. 주위의 사람들과 대화하고 여럿이 함께 토론하며 서로의 의견을 나누는 경험을 하게 한다.
  라. 글과 글자에 친숙해지는 경험을 쌓아 읽기와 쓰기에 흥미를 갖게 한다.

(5) 자연탐구

- 성격 : 자연탐구 영역은 '탐구적 태도', '수학적 탐구', '과학적 탐구'의 세 가지 내용범주로 구성된다. '탐구적 태도'에서는 영유아가 주변의 사물과 자연현상에 대하여 관심을 가지고 보고 듣고 느끼고 궁금해하며, 끊임없이 알아가고자 하는 태도를 갖게 하고 이에 필요한 기초기술을 습득하도록 한다. '수학적 탐구'에서는 영유아가 일상생활에서 수량과 공간을 인식하고 비교하며 규칙성을 인식하는 등 구체적인 경험과 조작활동으로 수학의 기초능력을 기르도록 한다. '과학적 탐구'에서는 영유아가 주변의 사물, 생명체, 자연현상에 대하여 관심을 가지고 능동적이고 적극적으로 탐색하는 과정에서 과학적 기초지식을 습득하도록 한다.

- 목표 : 주변의 사물과 자연현상을 지각하고 호기심을 가지며, 지속적으로 탐구하는 태도를 가지며 문제해결을 위한 기초능력을 기르고, 자연을 사랑하는 마음을 가진다.

가. 주변사물과 자연환경에 대해 지속적으로 호기심을 가지고 탐구하는 태도를 가진다.

나. 일상생활의 여러 상황과 문제를 수학적으로 이해하고 해결하기 위하여 기초능력을 기른다.

다. 주변사물과 자연현상에 대한 기초 지식을 쌓고 자연을 사랑하는 마음을 가진다.

(6) 예술경험

• 성격 : 예술경험 영역은 '심미적 탐색', '예술적 표현', '예술 감상'의 세 가지 내용범주로 구성된다. '심미적 탐색'에서는 영유아가 주변의 친근한 자연이나 생활 환경에서 음악적 · 동작적 · 가작적 · 미술적 요소에 관련된 현상이나 사물을 흥미롭게 보며 집중하여 탐색하도록 한다. '예술적 표현'에서는 영유아가 음악 · 움직임 · 모방 · 미술 경험을 마음껏 시도하고 표현하며 자유롭게 즐기도록 한다. '예술 감상'에서는 친근한 소리나 노래, 아름다운 사물이나 환경, 춤 · 극놀이 · 미술작품을 즐기며 생활에서 예술에 대해 지속적으로 흥미를 가지도록 한다.

• 목표 : 주변의 친근한 환경과 생활에서 예술적 요소에 관심을 보이고 흥미롭게 경험하고 즐김으로써 창의성과 감성을 기른다.

가. 주변 생활에서 발견한 단순한 예술적 요소에서부터 점차 다양한 요소까지 아름다움에 관심을 보이고 탐색한다.

나. 자신의 생각과 느낌을 음악, 움직임과 춤, 극놀이, 미술활동으로 표현하는 것을 즐기며 점차 다양하고 창의적으로 표현한다.

다. 생활에서 자연, 사물, 예술 작품들을 보고 즐긴다.

2) 표준보육과정의 교육내용

생활영역	내용	하위내용
기본생활	건강한 생활	· 몸과 주변 환경을 깨끗이 하기 · 식생활을 바르게 하기 · 적당한 잠자기와 휴식하기 · 적극적으로 활동하기 · 규칙적인 배설 습관 갖기 · 옷을 상황에 맞게 입기 · 건강에 관심을 갖고 건강생활 실천하기
	안전한 생활	· 안전하게 놀이하고 다른 사람의 안전을 배려하기 · 위험한 상황에 처했을 때 안전하게 행동하기 · 교통안전 실천하기 · 안전교육의 중요성을 알고 참여하기
	바른 생활	· 예절 바르게 생활하기 · 질서지키며 생활하기 · 아끼며 생활하기
신체 운동	감각과 신체인식	· 감각능력 기르기 · 감각기관 활용하기 · 신체를 인식하고 움직이기
	신체조절과 기본 운동	· 신체 조절력과 균형감 기르기 · 이동 운동하기 · 비이동 운동하기 · 조작 운동하기 · 움직임의 요소를 인식하고 움직이기
	신체활동 참여	· 자발적으로 신체활동에 참여하기 · 여러 기구를 이용하여 신체활동하기 · 안전하게 신체활동 하기
사회관계	자기존중	· 자신의 소중함을 알기 · 자신감과 독립심 기르기 · 성정체감 형성하기

사회관계	정서인식과 조절	· 자신과 다른 사람의 다양한 정서를 인식하고 표현하기 · 자신의 정서를 조절하고 활용하기
	사회적 관계	· 가족과 화목하게 지내기 · 또래와 사이좋게 지내기 · 공동체 정신 기르기
	사회적 지식	· 지역사회에 관심 가지고 이해하기 · 우리나라에 관심 가지고 이해하기 · 세계와 여러 문화에 관심 가지기 · 경제생활에 관심 가지고 이해하기
예술경험	심미적 탐색	· 음악적 요소 탐색하기 · 움직임과 춤 탐색하기 · 가작화 요소 탐색하기 · 미술적 요소 탐색하기
	예술적 표현	· 리듬 만들기 · 노래 부르기 · 춤으로 표현하기 · 극놀이로 표현하기 · 미술활동 즐기기 · 다양한 미술재료 사용하기 · 통합적으로 표현하기
	예술 감상	· 음악 감상하기 · 춤 감상하기 · 극놀이 감상하기 · 미술작품 감상하기
의사소통	듣기	· 낱말의 발음 경청하기 · 낱말과 문장을 듣고 이해하기 · 이야기 듣고 이해하기 · 동요, 동시, 동화 듣기 · 바른 태도로 듣기
	말하기	· 바르게 발음하여 말하기 · 낱말과 문장으로 말하기 · 자신의 느낌, 생각, 경험 말하기 · 상황에 맞는 언어 사용하기 · 바른 태도로 말하기

의사소통	읽기	· 읽기에 흥미 가지기 · 동요, 동시, 동화 읽기 · 읽어 주는 글 이해하기 · 그림책 읽기를 즐기기
	쓰기	· 낱말과 문장으로 쓰기에 흥미 가지기 · 자신의 느낌, 생각, 경험 쓰기에 흥미 가지기 · 쓰기 도구와 매체 사용하기 · 말과 글의 관계 알기
자연탐구	탐구적 태도	· 주변의 사물과 자연현상에 지속적으로 호기심 가지기 · 탐구과정 즐기기 · 기초 탐구 기술 활용하기
	과학적 탐구	· 물체와 물질의 기본 특성 알기 · 생명체와 환경과의 관계 알기 · 자연현상 이해하기 · 도구와 기계 활용하기
	수학적 탐구	· 수 개념 형성하기 · 공간과 도형 개념 형성하기 · 측정하기 · 규칙성 이해하기 · 자료 수집하기와 분석하기

참고 문헌

강문희(1989). Frank & Theresa Caplan 놀이와 아동. 교육과학사.

고문숙 외 3명(2001). 어린이 놀이지도. 정민사.

교육부(1995). 유아발달에 적합한 유치원 실내시설 · 설비 모형.

———(1995). 유치원 교사를 위한 컴퓨터 교육자료.

———(1995). 유치원교육활동지침서.

———(1995). 유치원 교육활동자료. 대한교과주식회사.

———(2000). 유치원 교육활동자료. 대한교과주식회사.

교육과학기술부(2009). 유치원 지도서. 두산.

교육인적자원부(2002). 유아를 위한 자연체험 활동자료.

권영례 · 조명옥(1996). 유아를 위한 수학/과학 통합활동. 창지사.

권영례(1993). 아동중심 유아수학활동. 양서원.

김경미(1997). 유아교사를 위한 유아과학교육. 창지사.

김덕수(2001). 그림책 읽기를 통한 언어적 상호작용 부모교육 프로그램이 유아의 언어능력과 어머니의 언어유형에 미치는 영향. 경성대학교 교육대학원 교육학 석사학위논문.

김미애 · 김혜경(1990). 3, 4세 유아를 위한 놀이그룹의 운영. 보육사.

김미애 · 류경화(1999). 놀이지도. 동문사.

——————(2001). 놀이지도. 동문사.

김수영 · 김수임 · 김현아 · 정금자(2000). 유아놀이의 이론과 실제. 양서원.

김영옥 외 8명(1998). 유아기본 생활습관교육 활동자료. 교육부.

김옥련(1983). 어린이 이해와 지도: 놀이를 통하여. 학문사.

김지량(1988). 유치원교실의 공감배치에 따른 유아의 상호작용 양상에 관한 연구. 이화여대 대학원 석사학위 청구논문.

김희진 · 김언아 · 홍희란(2004). 영아를 위한 프로그램의 이론과 실제. 창지사.

나하나 · 이효영 · 임경아(1997). 유아놀이지도 이론과 실제. 양서원.

대한교육연합협회(1967). 교육학사전. 대한교련.

도리스 스폰셀러(1989). 학습 매체로서의 유아놀이. 창지사.

동은유치원 이대균(1995). 3, 4, 5세 유아를 위한 전통놀이 교육활동. 양서원.

독서지도연구모임(2003). 창의적인 독서지도 77가지. 해오름.

문교부(1983). 놀이지도.

박낭자 · 이순영 · 이미정(2002). 영아놀이활동프로그램. 교문사.

박선희 · 구재욱 · 정미라(2002). 유아건강교육. 한국방송통신대학교출판부.

박찬옥 · 김영중 · 정남미 · 임경애(2002). 유아놀이지도. 학문사.

박호선(1993). 협동적 교육과정에 기초한 놀이지도. 동문사.

배재대학교 유아교육연구소 · 배재대학교 부속유치원(1997). 배재대학교 부속유치원 교육과정의 실제.

서영희(1999). 생태중심 유아교육 프로그램운영 사례 연구. 부산대 교육대학원 석사학위 청구논문.

서울사대 교육연구소편. 교육학 용어사전. 배영사.

송혜린 외 9명(2001). 놀이지도 : 아이들을 사로잡는 상호작용. 다음세대.

신무용(2002). 새론운 가정과 유치원 문화창조를 위한 부모의 역할. 부산광역시해운대교육청.

신화식(2003). 유치원에서의 수업의 실제, 교육마당 21.

안창일(1977). 아동의 놀이에 관한 고찰. 국민대학논문집(사회).

여름방학 다중지능 직무연수(2004). 다중지능을 이용한 수업전략, 서울초등다중지능교육학회.

오은순(1994). 블록의 유형과 수에 따른 유아의 사회적 행동에 관한 연구. 이화여대 대학원 박사학위 청구논문.

유아체육연구회(199). 유아 체육. 경인 문화사.

이경우 · 반운경(1992). 그룹 게임. 창지사.

이경우 편(1995). 유아를 위한 컴퓨터 활동의 접근방향. 창지사.

이기숙 외9명(1996). 유아교사용 안전교육 지도서. 한국산업안전공단.

이숙재(2007). 유아를 위한 놀이의 이론과 실제. 창지사.

이순희 · 김미애 · 김희동(1997). 영아를 위한 놀이지도. 교육아카데미.

이신호(2002). 다중지능이론 기반 수업활동이 학업성취 및 태도에 미치는 효과. 대구교육대학교 교육대학원 석사학위 논문.

이영석(1984). 현대유아교육개론. 교육출판사.

이은해 · 지혜련 · 이숙재 편역(1990). 놀이이론. 창지사.

이은해 · 지혜련 · 이숙재(1993). 놀이이론. 창지사.
이정환(1993). 유아교육의 교수학습방법. 교문사.
이정환(2002). 유아교육 교수학습방법. 교문사.
이화유치원(1978). 즐거운 놀이. 이화여대 출판부.
임수양 · 권세경(1999). 유아놀이지도. 지선사.
임재택 · 하정연 · 김은주 · 박채숙 · 박명숙 · 최윤정(1999). 애들아 산책가자 : 교사들이 직접 쓴 산책 프로그램. 양서원.
전포유치원(2002). 포트폴리오 평가 방법 구안 · 적용을 통한 '읽기 · 쓰기에 관심 가지기' 능력 신장 http://ww.jeonpo.kg.kr
정금자(1999). 유아놀이지도의 이론과 실제. 교육과학사.
정영혜 외4명(2002). 유치원 과학영역과 미술영역의 통합활동을 위한 Science Art. 부산여자대학.
정종진(1983). 유아기 놀이의 교육적 의의 공주사대 논문집 (사회과학편) 제21집.
정진 · 성원경 저(1995). 유아놀이와 게이활동의 설계. 학지사.
정태희(2003). 다중지능이론과 교육적 시사점, 교육마당 21.
조정숙 · 김은심(2003). 유아언어교육. 정민사.
중앙대학교 사범대학 부속유치원편(1993). 활동중심 통합교육과정. 양서원.
지성애(1994). 유아놀이지도. 정민사.
지옥정(2001). 유아교육 현장에서의 프로젝트 접근법. 창지사.
진보경(2002). 산책프로그램의 운영 실제 및 실습.
최경순 외 공저(2004). 유아의 다중지능 개발을 위한 그림책 속 창의적 놀이. 창지사.
하순련 · 오영희(2001). 유아와 함께하는 프로젝트 접근방법의 이론과 실제. 양서원.
하정연(2002). 생태유아교육 실천사례와 해결과제.
———(2002). 생태유아교육 프로그램의 계획 및 운영실제.
한국보육교사교육원연합회(1998). 놀이지도. 교문사.
한국어린이교육협회(1991). 유아교육프로그램과 놀이 work shop 자료.
한국직업 능력 개발원(2003). 고등학교 유아놀이 · 표현지도. 교육인적자원부.
홍순정(1999). 지능과 창의성. 양서원.
황웅연(1963). 어린이를 위한 놀이지도 250가지.

Brian Sutton-Smith(1979). Play and Learning. New York : Garduer Press, Inc.
Carlson, D. H & Gingland, D. R.(1961). Play Activities for the Retarded Children. N.Y. Abingdon Press.
Clements, D. H(1987). Computers and Young Children : Areview of Research, Young Children, 42(1), 34-44.
Cohen, M. D(ed.)(1976). Selecting Educational Equipment and Materials for School and Home, Washington, D. C : ACEI.

D. R. Don Adcock, Dr. Marilyn Segal. "Play Together Grow Together A Copperative Curriculum for Teachers of Young Children".

Dodge, D. T., & Colker, L. J.(1996). The Creative Curriculum for Early Childhood. Teaching Strategies Inc. Winston.

Fergus, P. Hughes(1997). 유아의 놀이와 발달. 창지사.

Frost, J. L., & Klein, B. L.(1979). Children's Play and Playgrounds. Boston : Allyn and Bacon.

Frost, J. L., & Kissinger, J. B.(1976). The Young Child and the Educative Process. New York : Holt, Rinehatr and Winston.

Good, Carter V. ed.(1973). Dictionary of education 3rd ed. N.Y. : McGraw-Hill Book Co., Inc.

Huizinga, Johan. Homo Ludens 놀이하는 인간, 권영빈 역(1983) 홍성사. Garvey(1977). Translation of Play 놀이(지혜련 · 김판희 공역) (1989), 창지사.

Hurlock, E. B.(1964). Child Development. New York: McGraw Hill Book Co., Inc.

Isenberg, J. P. and Jacobs, J. E.(1982). Play things as Learning Tools : A parent's Guide. N.Y. : John Wiley & Sons Inc.

Levy, J.(1971a). Anintrinsic-extrinsic Motivational framework for therapeutic recreation. Therapeutic Recreation Journal, 43.

Martha B. Bronson(1998). 우리 아이들의 놀잇감 선택방법. 양서원.

Neumann, E. A.(1971). The Elements of Play, Unpublished Doctoral Dissertation, University of Illimnois.

Ott, John N.(1990). Design : Keeping the Kids in Mind. In Center Management. September /October.

Papalia, Diane E., & Olds, Sally Wendkos(1975). A Child's World : Infancy Through Adolescence. N.Y. : McGraw-Hill Book Co.

Piaget, Jean(1962). Play, Dream and Imitation in Childhood Translated by Gattegno, C & Hodgson, F. M. N.Y. : W. W. Norton & Co.

Prescott, E.(1989). "The Physical Seyying in Day Care" in J. T. Greenman & R. W. Fuqua(eds.).

Prescott, E.(1984). When Do you Thing About Spaces? Beginnings, Summer, pp. 3-5.

Ruth, Strang(1951). An Introduction to Child Study. N.Y. : Macmillan Co.

Sadler, Jhon ed.(1969). Comenius. Lodon : Collier-Macmited.

Seefeldt, C., & Barbour, N.(1986). Early Childhood Education : An Introduction Columbus, Ohio : Charles E. Merrill

Seefeldt, Carol(1974). A Curriculum for Child Care Centers. Ohio : Charles E. Merrill Publishing Co.

Seefeldt, C.(1987). The Early Childhood Curriculum : A Review of Current Research. New York & London : Teachers College, Columbia University.

Weininger, Otto(1979). Play and Education The Basic Tool for Early Childhood Learning. Springfield : Charlese Thomas Publisher.

유아교육 참고 사이트

http://www.hywoman.ac.kr/yoochiwon/sub3e.htm
http://www.madang21.or.kr
http://kr.ks.yahoo.com/service/wiki_know/know_view.html?tnum=130593
http://www.brainsehool.co.kr
http://www.edu4ts.net/milmiieo311.htm
http://www.keke2002.or.kr
http://youny.x-y.net(4k.2005.01.03)
http://idreams.hihome.com/education/ychild-1998.htm
http://young.x-y.net/main/education/write2.html
http://young.x-y.net/main/education/write4.html
http://young.x-y.net/main/education/write1.html
http://www.edu4ts.net/mi/newintap.htm

저자 소개

✍ 류경화

· 약력

미국 연방체육대학원 교육학 박사

한국여가레크리에이션협회 부회장, 부산치료레크리에이션협회 이사, (사)국제아동지도자협회 이사, 패널시어터연구회 회장, 부산유아교육학회 운영이사, 한국교육학회 부산지부 이사

현, 동부산대학 유아교육과 교수

한국교육무용학회 지도위원

· 저서

교육무용(보진재) 대학체육(형설출판사, 저 6권), 레크리에이션댄스(도서출판 금광, 저 3권), 유아음률활동(동문사, 외 2권), 교육무용과 매스게임(동문사), 유아놀이지도(동문사, 외 4권), 동작교육을 위한 패널시어터(창지사, 외 2권), 유아놀이지도(태영출판사, 외 1권)

· 논문

민속무용의 지역별 생성에 관한 연구, 유아 성별 체격변화 및 계절별 종단연구 외 21편

✍ 하은미

· 약력

부산대학교 교육대학원 유아교육학과 석사

경성대학교 일반대학원 교육학과 박사과정 수료

전, 부산광역시 교육청 사이버 장학요원, 부산광역시 교단지원자료개발 요원, 부산광역시 교육정보원 자료개발요원, 부산광역시 교육정보원 교수학습지원센터자료개발요원

현, 공립유치원 교사

· 저서

유능한 유아교사되기(창지사, 공저), 유아발달심리(창지사, 공저)

5세 누리교육과정에 기초한

유아놀이지도

초판발행 2012년 7월 31일
3판발행 2015년 8월 30일

2015. 8.

저 자 류경화 · 하은미
발행인 김현태
발행처 태영출판사

주 소 (08301) 서울 구로구 구로동 104-10 동남오피스텔 201호
전 화 02 · 839-3757, 839-3752
팩 스 02 · 837-3754
등 록 2005년 5월 30일 제12-421호
http://www.taeyeongbook.co.kr
E-mail tys2005@hanmail.net
ISBN 978-89-6302-088-4 93370
정 가 18,000원

NAVER
태영출판사

* 잘못 만들어진 책은 교환해 드립니다.

불법복사는 지적재산권을 훔치는 범죄행위입니다.
저작권법 제97조의 5(권리의 침해죄)에 따라 위반자는 5년 이하의 징역 또는 5천만원 이하의 벌금에 처하거나 이를 병과할 수 있습니다.